Jiddu Krishnamurti

Du bist die Welt

Reden und Gespräche

Aus dem Englischen
von Susanne Schaup

Fischer
Taschenbuch
Verlag

9.–10. Tausend: Juni 1997

Deutsche Erstausgabe
Veröffentlicht im Fischer Taschenbuch Verlag GmbH,
Frankfurt am Main, November 1993

Die Originalausgabe mit dem Titel
»You are the World; An Authentic Report of Talks
and Discussions in American Universities« erschien
1972 im Verlag Harper & Row, Publishers, Inc., New York

Weitere Informationen zur Brockwood Park School, zum
Krishnamurti Study Centre und zu anderen Veröffentlichungen
erhältlich von dem Krishnamurti Foundation Trust Ltd,
Brockwood Park, Bramdean, Hampshire S024 0LQ England.

Umschlaggestaltung: Buchholz/Hinsch/Hensinger
Druck und Bindung: Clausen & Bosse, Leck
Printed in Germany
ISBN 3-596-10776-8

Gedruckt auf chlor- und säurefreiem Papier

Inhalt

Drei Reden an der Brandeis-Universität

1

Beim Reisen wird einem sehr bewußt, daß die menschlichen Probleme überall, wenngleich scheinbar verschieden, mehr oder minder die gleichen sind; das Problem der Gewalt und das Problem der Freiheit; das Problem, wie eine echte und bessere Beziehung zwischen den Menschen herzustellen ist, so daß der Mensch in Frieden leben kann, mit Anstand und nicht ständig im Konflikt, nicht nur mit sich selbst, sondern auch mit seinem Nächsten. Dazu gibt es, wie in ganz Asien, das Problem der Armut, des Hungers und der völligen Verzweiflung der Armen. Außerdem haben wir, wie in diesem Land und in Westeuropa, das Problem des Wohlstands. Wo Wohlstand ohne Selbstbeschränkung herrscht, da kommt es zur Gewalt, zu jeder Form eines von Ethik unberührten Luxus – da herrscht die vollkommen korrupte und amoralische Gesellschaft.
Es gibt das Problem der organisierten Religion – die von der Menschheit auf der ganzen Welt mehr oder weniger abgelehnt wird – und die Frage, was religiöses Bewußtsein ist, was Meditation, denn beide sind nicht das Monopol des Ostens. Da ist die Frage von Liebe und Tod – so viele aufeinander bezogene Probleme. Der Sprecher vertritt kein System begrifflichen Denkens noch eine indische oder sonstige Ideologie. Wenn wir über diese vielen Probleme miteinander sprechen können, nicht wie mit einem Experten oder Sachverständigen – denn der Sprecher ist weder das eine noch das andere –, dann gelangen wir vielleicht zu einer wirklichen Verständigung; bedenken Sie jedoch, daß das Wort nicht die Sache und auch eine noch so ausführliche Beschreibung nicht das Beschriebene ist.
Da sind die separaten Welten, die ideologischen Abgrenzungen durch den Hindu, den Muslim, den Christen und den Kommunisten, die so unermeßlichen Schaden, solchen Haß und Widerstreit verursacht haben. Alle Ideologien, ob religiöse oder politische, sind idiotisch, denn es ist das begriffliche Denken, das begriffliche Wort, das die Menschheit auf so unglückliche Weise gespalten hat.

Diese Ideologien haben Kriege zur Folge gehabt; religiöse Toleranz, die es zwar geben mag, geht doch nur bis zu einem bestimmten Punkt; danach herrschen Zerstörung, Intoleranz, Brutalität, Gewalt – die Religionskriege. In ähnlicher Weise gibt es die durch Ideologien verursachte Spaltung in Nationen und Volksstämme, den Nationalismus der Schwarzen und die verschiedenen Ausdrucksformen von Stämmen.

Ist es überhaupt möglich, in dieser Welt gewaltlos, in Freiheit, tugendhaft zu leben? Freiheit ist absolut notwendig; jedoch nicht Freiheit des einzelnen, zu tun, was ihm beliebt, denn das Individuum ist konditioniert – ob es in diesem Land oder in Indien oder sonstwo lebt –, es ist von seiner Gesellschaft, seiner Kultur, der ganzen Struktur seines Denkens geprägt. Ist es überhaupt möglich, sich von dieser Konditionierung, und zwar nicht ideologisch, nicht als Idee, sondern wirklich psychisch, innerlich zu befreien? Denn sonst kann ich mir nicht vorstellen, wie es eine Demokratie oder irgendein redliches Verhalten geben kann. Der Ausdruck »redliches Verhalten« ist freilich verpönt, aber ich hoffe, daß wir diese Worte gebrauchen und das Gemeinte ohne irgendeinen abwertenden Sinn vermitteln können.

Freiheit ist keine Idee; eine niedergeschriebene Philosophie der Freiheit ist nicht Freiheit. Entweder man ist frei oder man ist es nicht. Sonst befindet man sich in einem Gefängnis, so dekorativ es auch sein mag. Ein Gefangener ist nur dann frei, wenn er sich nicht mehr im Gefängnis befindet. Freiheit ist kein im Denken befangener Bewußtseinszustand. Das Denken kann niemals frei sein. Das Denken ist die Reaktion auf Erinnerung, Wissen und Erfahrung; es ist immer das Produkt der Vergangenheit und kann unmöglich Freiheit bewirken, weil Freiheit etwas ist, das in der lebendigen, aktiven Gegenwart, im täglichen Leben statthat. Freiheit ist *nicht Freiheit von* etwas – denn Freiheit *von* etwas ist bloß eine Reaktion.

Warum hat der Mensch dem Denken eine so außergewöhnliche Bedeutung beigemessen? Dem Denken, das ein Konzept formuliert, nach dem der Mensch zu leben versucht. Die Formulierung von Ideologien und der Versuch, sich an diese Ideologien zu halten, ist auf der ganzen Welt zu beobachten. Das hat Hitlers Bewegung getan, und die Kommunisten tun es sehr gründlich; die religiösen Gruppierungen, die Katholiken, die Protestanten, die Hindus und

so fort, haben ihre Ideologien mittels Propaganda zweitausend Jahre lang verkündet und die Menschen durch Drohungen und Versprechen veranlaßt, mit ihnen konform zu gehen. Das ist auf der ganzen Welt zu beobachten; immer hat der Mensch dem Denken eine so außergewöhnliche Bedeutung und Wichtigkeit beigemessen. Je spezialisierter, je intellektueller das Denken ist, desto mehr wird es ernst genommen. Wir fragen daher: Kann das Denken jemals unsere menschlichen Probleme lösen?

Da ist das Problem der Gewalt, nicht nur der Studentenrevolte in Paris, Rom, London und an der Columbia-Universität, hier und überall in der Welt, sondern auch die Verbreitung von Haß und Gewalt, Schwarz gegen Weiß, Hindu gegen Muslim. Da sind die unglaubliche Brutalität und außerordentliche Gewalttätigkeit in den Herzen der Menschen – wenngleich sie nach außen hin dazu erzogen und konditioniert sind, Friedensgebete zu sprechen. Die Menschen sind außerordentlich gewalttätig. Diese Gewalttätigkeit ist das Resultat der politischen und rassischen Trennungen und der religiösen Unterschiede.

Kann diese in jedem Menschen so tief verwurzelte Gewalttätigkeit wirklich transformiert, vollständig verwandelt werden, so daß man in Frieden leben kann? Diese Gewalttätigkeit hat der Mensch offensichtlich vom Tier und von der Gesellschaft, in der er lebt, geerbt. Der Mensch fühlt sich dem Krieg verpflichtet, er akzeptiert den Krieg als eine Lebensform. Hier und da gibt es wohl einige Pazifisten, die Antikriegsparolen formulieren, aber es gibt auch solche, die den Krieg lieben und die ihre Lieblingskriege haben! Es gibt Leute, die den Vietnamkrieg mißbilligen, aber sie würden für etwas anderes kämpfen, sie wollen eine andere Art von Krieg. Der Mensch hat den Krieg in der Tat akzeptiert, das heißt den Konflikt, nicht nur in seinem Inneren, sondern als Lebensform.

Was der Mensch in seiner Gesamtheit ist, sowohl in seinen bewußten als auch in seinen tieferen Bewußtseinsschichten, produziert eine Gesellschaft mit entsprechender Struktur – das liegt auf der Hand. Und so fragen wir noch einmal: Ist es dem Menschen, der sich durch seine Erziehung, durch die Übernahme einer sozialen Norm und Kultur daran gewöhnt hat, überhaupt möglich, eine psychologische Revolution in seinem Inneren – nicht bloß eine äußere Revolution – herbeizuführen?

Ist es überhaupt möglich, eine sofortige psychologische Revolution herbeizuführen? Nicht mit der Zeit, nicht allmählich, denn man hat keine Zeit, wenn das Haus brennt; man redet nicht darüber, das Feuer allmählich zu löschen; man hat keine Zeit, Zeit ist eine Täuschung. Was kann den Menschen also veranlassen, sich zu wandeln? Was kann Sie oder mich als Menschen veranlassen, uns zu ändern? Das Motiv der Belohnung oder Bestrafung? Damit hat man es bereits versucht. Psychologische Belohnungen, die Verheißung des Himmels, die Strafe der Hölle, hatten wir schon im Überfluß, aber der Mensch hat sich offensichtlich nicht geändert, er ist immer noch neidisch, gierig, gewalttätig, abergläubisch, ängstlich und so weiter. Ein bloßes Motiv, ob äußerlich oder innerlich, bringt keine radikale Wandlung hervor. Wenn man mittels Analyse feststellt, warum der Mensch gewalttätig ist, so voll Angst, so enorm habgierig, so konkurrenzbetont, so brutal ehrgeizig – was man leicht tun kann –, wird das eine Wandlung herbeiführen? Offensichtlich nicht, weder dies noch Entdeckung der Motive. Was dann? Was wird, nicht allmählich, sondern sofort, die psychologische Revolution bewirken? Einzig und allein darum geht es, wie mir scheint.

Analyse – durch einen Sachverständigen oder durch Introspektion – kann das Problem nicht lösen. Analyse erfordert Zeit, sie braucht eine Menge Erkenntnis, denn wenn du falsch analysierst, wird die daraus folgende Analyse auch falsch sein. Wenn man analysiert und zu einer Schlußfolgerung kommt, und dann von dieser Folgerung ausgeht, ist man bereits behindert, ist man schon blockiert. Sodann besteht bei der Analyse das Problem des »Analysierenden« und des »Analysierten«.

Wie kann nun diese radikale, fundamentale Wandlung psychisch, innerlich, wenn schon nicht durch Motive oder Analyse und die Darlegung der Ursache, herbeigeführt werden? Man kann leicht feststellen, warum man zornig ist, aber das hält einen nicht davon ab, zornig zu sein. Man kann herausfinden, welche Ursachen zu einem Krieg führen, seien es wirtschaftliche, nationale, religiöse oder der Politikerstolz, die Ideologien, die Verpflichtungen und so weiter, und trotzdem fahren wir fort, uns im Namen Gottes, im Namen einer Ideologie, im Namen eines Landes, in welchem Namen auch immer, gegenseitig umzubringen. Innerhalb von fünftau-

send Jahren sind fünfzehntausend Kriege geführt worden! Wir haben immer noch keine Liebe, kein Mitgefühl!

Wenn wir dieser Frage nachgehen, stoßen wir auf das unvermeidliche Problem des »Analysierenden« und des »Analysierten«, des »Denkers« und des »Denkens«, des »Beobachters« und des »Beobachteten«, und auf das Problem, ob diese Trennung von »Beobachter« und »Beobachtetem« wirklich ist, wirklich im Sinne eines echten Problems und nicht etwas Theoretisches. Ist der »Beobachter« – das Zentrum, von dem aus man etwas betrachtet, anschaut, von dem aus man hört – eine begriffliche Entität, die sich von dem Beobachteten abgespalten hat? Wenn man sagt, daß man zornig ist, unterscheidet sich der Zorn dann von der Entität, die weiß, daß sie zornig ist? Ist Gewalt abgespalten vom »Beobachter«? Ist nicht die Gewalt ein Teil des Beobachters? Bitte, es ist sehr wichtig, das zu verstehen. Das ist der Kern der Sache, den wir verstehen müssen, wenn es um diese Frage des unmittelbaren psychischen Wandels geht – nicht eines Wandels in einem künftigen Stadium oder zu irgendeinem künftigen Zeitpunkt. Ist der »Beobachter«, das »Ich«, das »Ego«, der »Denker«, der »Erfahrende« unterschieden von dem Ding, der Erfahrung, dem Gedanken, den er beobachtet? Wenn man diesen Baum anschaut, wenn man den Vogel im Flug, das Abendlicht auf dem Wasser betrachtet, unterscheidet sich der »Erfahrende« von dem, was er beobachtet? Wenn wir einen Baum anschauen, »schauen« wir ihn dann wirklich? Bitte, gehen Sie ein wenig mit. Schauen wir ihn jemals unmittelbar an? Oder sehen wir ihn durch die Vorstellungsbilder des Wissens, der in der Vergangenheit gemachten Erfahrungen? Sie sagen: »Ja, ich weiß, was für eine hübsche Farbe er hat, wie schön seine Gestalt ist.« Sie erinnern sich an ihn und genießen dann die Freude, die Sie durch diese Erinnerung gewinnen, durch die Erinnerung an das Gefühl der Nähe zu ihm und so fort. Haben Sie jemals beobachtet, daß der »Beobachter« sich von dem Beobachteten unterscheidet? Wer sich nicht in aller Gründlichkeit auf die Frage einläßt, dem wird das Folgende unverständlich sein. Solange der »Beobachter« sich vom »Beobachteten« unterscheidet, gibt es Konflikte. Der räumliche und verbale Abstand, der mit den Vorstellungsbildern, dem Wissen, der Erinnerung an die herbstlichen Farben des vergangenen Jahres ins Bewußtsein tritt, erzeugt den »Beobachter«, und die Trennung von

dem Beobachteten ist Konflikt. Das Denken verursacht diese Spaltung. Sie schauen Ihren Nächsten an, Ihre Frau, Ihren Mann oder Ihren Freund oder Ihre Freundin, wen immer, aber können Sie ohne die Bilder des Denkens, ohne die vorangegangene Erinnerung schauen? Denn wenn Sie durch ein Bild schauen, gibt es keine Beziehung; es gibt nur die indirekte Beziehung zwischen den zwei Gruppen von Bildern, die der Mann oder die Frau sich gegenseitig voneinander machen; das ist eine Beziehung über Begriffe, keine wirkliche Beziehung.

Wir leben in einer Welt der Begriffe, in einer Welt des Denkens. Wir versuchen, alle unsere Probleme, von den rein mechanischen bis zu den tiefgründigsten psychischen, mit Hilfe des Denkens zu lösen.

Wenn es zwischen dem »Beobachter« und dem »Beobachteten« eine Spaltung gibt, so ist diese Spaltung der Ursprung aller menschlichen Konflikte. Wenn Sie sagen, daß Sie jemanden lieben, ist das Liebe? Ist in dieser Liebe nicht sowohl der »Beobachter« als auch das Geliebte, das Beobachtete? Diese »Liebe« ist das Produkt des Denkens, abgespalten als Begriff, und da gibt es keine Liebe.

Ist das Denken das einzige Instrument, das wir zur Lösung all unserer menschlichen Probleme haben? Denn es ist nicht die Antwort, es löst nicht unsere Probleme. Vielleicht stellen wir es nur in Frage, bestätigen es nicht dogmatisch. Mag sein, daß dem Denken überhaupt kein Platz zukommt, außer in mechanischen, technischen, wissenschaftlichen Angelegenheiten.

Wenn der »Beobachter« das »Beobachtete« ist, löst sich der Konflikt. Dies geschieht ganz normal und ganz einfach: Bei Umständen, in denen große Gefahr droht, gibt es keinen vom »Beobachteten« getrennten »Beobachter«; es erfolgt ein unmittelbares Handeln, eine sofortige Reaktion in der Tat. Wenn man in einer großen Lebenskrise steht – und man vermeidet immer große Krisen –, hat man keine Zeit, darüber nachzudenken. Unter solchen Umständen reagiert das Gehirn, mit all seinen Erinnerungen an Vergangenes, nicht unmittelbar, und doch kommt es zu unmittelbarem Handeln. Es gibt eine unmittelbare, psychische, innere Wandlung, wenn die Spaltung zwischen dem »Beobachter« und dem »Beobachteten« aufgehoben ist. Mit anderen Worten: Man lebt in der Vergangenheit, alles Wissen gehört der Vergangenheit an. Dort lebt man, das

Leben findet dort statt, im Gewesenen – beschäftigt mit dem, »was ich war«, und daher mit dem, »was ich sein werde«. Unser Leben beruht im wesentlichen auf dem Gestern, und dieses »Gestern« macht uns unverletzlich, bringt uns um die Fähigkeit der Unschuld und Verletzlichkeit. Das »Gestern« ist also der »Beobachter«; im »Beobachter« sind alle Schichten des Bewußten wie des Unbewußten vorhanden.

Die ganze Menschheit steckt in jedem von uns, sowohl im Bewußten wie im Unbewußten, in den tieferen Bewußtseinsschichten. Wir sind das Ergebnis von Jahrtausenden; eingebettet in jedem von uns – wie sich feststellen läßt, wenn man danach zu graben, tief ins Innere zu gehen versteht – ist die ganze Geschichte, das gesamte Wissen der Vergangenheit. Deshalb ist Selbsterkenntnis ungeheuer wichtig. Das »Selbst« ist jetzt aus zweiter Hand; wir wiederholen, was andere uns vorgesagt haben, ob es sich um Freud oder einen anderen Fachmann handelt. Wenn man sich selbst erkennen will, kann man nicht durch die Augen eines Fachmannes schauen; man muß sich selbst unmittelbar anschauen.

Wie kann man sich erkennen, ohne ein »Beobachter« zu sein? Was meinen wir mit »erkennen« – es geht mir nicht um Wortklauberei –, was verstehen wir unter »erkennen«, »kennen«? Wann »erkenne« ich etwas? Ich sage, ich »kenne« oder kann Sanskrit, ich »kenne« das Lateinische – oder ich sage, ich »kenne« meine Frau oder meinen Mann. Eine Sprache zu kennen ist etwas anderes, als meine Frau oder meinen Mann zu »kennen«. Ich lerne eine Sprache kennen, aber kann ich je sagen, daß ich meine Frau kenne – oder meinen Mann? Wenn ich sage, ich »kenne« meine Frau, so habe ich ein Bild von ihr: Doch dieses Bild ist immer in der Vergangenheit; dieses Bild hindert mich daran, sie anzuschauen – sie ist vielleicht schon im Begriff, sich zu ändern. Kann ich daher je sagen, ich »kenne«? Wenn man die Frage stellt: »Kann ich mich selbst erkennen ohne den Beobachter?« – dann geben Sie acht, was geschieht.

Es ist ziemlich komplex: Ich lerne mich selbst kennen; in diesem Erkennen meines Selbst häufe ich Wissen über mich an und bediene mich dieses Wissens, das der Vergangenheit zugehört, um mich näher kennenzulernen. *Mit dem angehäuften Wissen über mich selbst betrachte ich mich und versuche, etwas Neues über mich zu erfahren.* Kann ich das denn? Es ist unmöglich.

Etwas über mich lernen und über mich wissen: Das eine unterscheidet sich gänzlich vom anderen. Lernen ist ein ständiger, nicht-akkumulierender Vorgang, und »ich« bin etwas, das unentwegt in Wandlung begriffen ist, mit neuen Gedanken, neuen Gefühlen, neuen Variationen, neuen Ahnungen und Andeutungen. Lernen ist nicht etwas auf Vergangenheit oder Zukunft Bezogenes; ich kann nicht sagen, daß ich gelernt habe und lernen werde. Das Bewußtsein muß sich daher ständig im Zustand des Lernens befinden, also immer in der aktiven Gegenwart, immer frisch sein; nicht schal durch das akkumulierte Wissen von gestern. Dann werden Sie sehen, wenn Sie sich wirklich darauf einlassen, daß es nur ein Lernen und keinen Erwerb von Wissen gibt; dann wird das Bewußtsein außerordentlich wach, hell und scharfsichtig. Ich kann nie sagen, daß ich mich »kenne«; und jeder Mensch, der sagt »ich kenne« oder »weiß«, weiß offensichtlich nicht. Lernen ist ein ständiger, aktiver Prozeß; es hat nichts mit etwas Erlerntem zu tun. Ich lerne mehr, um dem, was ich bereits gelernt habe, etwas hinzuzufügen. Um etwas über mich selbst zu lernen, muß ich die Freiheit des Schauens haben, und diese Freiheit des Schauens ist mir versagt, wenn ich durch das Wissen von gestern schaue.

Fragesteller [F]: Warum führt die Spaltung von »Beobachter« und »Beobachtetem« zu Konflikten?

Krishnamurti [K]: Wer ist der Urheber der Anstrengung? Es gibt Konflikt, solange es Anstrengung, solange es Widerspruch gibt. Besteht denn nicht ein Widerspruch zwischen dem »Beobachter« und dem »Beobachteten« – in dieser Spaltung? Dies ist keine Sache des Arguments oder der Meinung – man kann sie anschauen. Wenn ich sage: »Das gehört mir« – ob es sich um Besitz, um sexuelle Rechte handelt oder ob es um meine Arbeit geht –, dann ist ein Widerstand vorhanden, der trennt, und deshalb entsteht Konflikt. Wenn ich sage: »Ich bin ein Hindu«, »Ich bin ein Brahmane«, dies oder jenes, habe ich eine Welt um mich geschaffen, mit der ich mich identifiziere, die Spaltungen erzeugt. Wenn man also sagt, daß man ein Katholik ist, hat man sich schon von den Nichtkatholiken abgegrenzt. Jede Spaltung, äußerlich sowie innerlich, schafft Feindseligkeit. So stellt sich das Problem, ob ich etwas besitzen kann, ohne Feindseligkeit, ohne diesen definitiven Widerspruch hervorzurufen, der Feindseligkeit schafft. Oder gibt es noch eine ganz andere

Dimension, wo das Nichtbesitzen herrscht und wo es daher Freiheit, gibt?

[F]: Kann man überhaupt ohne mentale Begriffe handeln? Hätten Sie auch nur diesen Raum betreten und sich auf diesen Stuhl setzen können, ohne einen Begriff dessen zu haben, was ein Stuhl ist? Sie setzen offenbar voraus, daß überhaupt keine Begriffe nötig seien.

[K]: Vielleicht habe ich das nicht ausführlich genug erklärt. Man muß allerdings Begriffe haben. Wenn ich Sie frage, wo Sie wohnen, werden Sie es mir sagen, sofern Sie sich nicht in einem Zustand der Amnesie befinden. Dieses »Mir-Sagen« kommt aus einem Begriff, einer Erinnerung – und solche Erinnerungen, solche Begriffe brauchen wir. Aber es sind die Begriffe, die Ideologien hervorgebracht haben, die die Quelle des Unheils sind: Sie als Amerikaner, ich als Hindu, als Inder. Sie haben sich einer Ideologie verpflichtet und ich einer anderen. Diese Ideologien sind begrifflich, und wir sind gewillt, uns gegenseitig dafür umzubringen, obwohl wir vielleicht wissenschaftlich im Labor zusammenarbeiten. Aber hat das begriffliche Denken in menschlichen Beziehungen einen Platz? Dies ist ein vielschichtigeres Problem. Alles Reagieren ist begrifflich, alles Reagieren: Ich habe eine Vorstellung und handle entsprechend dieser Vorstellung; das heißt, zuerst eine Vorstellung, eine Formel, eine Norm und dann eine ihr entsprechende Handlung. Es herrscht also eine Spaltung zwischen dem Begriff oder der Vorstellung und der Handlung. Die begriffliche Seite dieser Spaltung ist der »Beobachter«. Die Handlung ist etwas außerhalb von uns und führt daher zur Spaltung, zum Konflikt. Dadurch stellt sich die Frage, ob ein konditioniertes, gebildetes, sozialisiertes Bewußtsein sich vom begrifflichen Denken befreien und doch nicht-mechanisch handeln kann. Kann ein Bewußtsein sich im Zustand der Stille befinden und handeln, kann es ohne Begriffe operieren? Ich sage, das ist möglich; aber das hat keinen Wert, nur weil ich es behaupte. Ich sage, daß es möglich ist und daß dieses Meditation ist: Die Frage zu klären, ob der Geist – der gesamte Geist – äußerst still und frei vom begrifflichen Denken, frei vom Denken überhaupt sein kann, so daß er nur dann denkt, wenn es nötig ist. Ich spreche Englisch, das ist ein automatisch ablaufender Prozeß. Können Sie mir ganz still zuhören, ohne daß das Denken dazwischenkommt – und dabei sehen, daß Sie

in dem Augenblick, wenn Sie es *versuchen*, bereits im Denken sind? Ist es möglich, einen Baum oder das Mikrophon ohne das Wort anzuschauen, das bereits der Gedanke, der Begriff ist? Einen Baum ohne Begriff anzuschauen, ist noch ziemlich leicht. Aber einen Freund, irgend jemanden, der Sie verletzt oder Ihnen geschmeichelt hat, ohne Begriff anzuschauen ist schon schwieriger; das heißt, daß das Gehirn still ist, es antwortet und reagiert zwar, es ist rege, aber es ist so still, daß es vollständig, umfassend aus der Stille heraus schauen kann. Nur in diesem Zustand kann man auf nicht-fragmentarische Weise verstehen und handeln.

[F]: Ja, ich glaube, ich verstehe, was Sie sagen.

[K]: Gut, aber Sie müssen es tun. Man muß sich selbst erkennen; dann stellt sich das Problem des »Beobachters« und des »Beobachteten«, des »Analysierenden« und des »Analysierten« und so fort. Es gibt ein Schauen ohne all dies, nämlich ein unmittelbares Verstehen.

[F]: Sie versuchen, etwas mit Worten zu vermitteln, von dem Sie sagen, daß es mit Worten nicht geschehen könne.

[K]: Die verbale Kommunikation kommt zustande, weil Sie und ich, wir beide, Englisch verstehen. Um uns wirklich zu verständigen, muß es uns ein dringendes Anliegen sein, und gleichzeitig müssen wir die Fähigkeit, die Qualität der Intensität haben – ansonsten verständigen wir uns nicht. Wenn Sie aus dem Fenster sehen, und ich rede, oder wenn es Ihnen ernst ist und mir nicht, dann hört die Kommunikation auf. Nun ist es aber außerordentlich schwierig, etwas zu vermitteln, das Sie oder ich nicht untersucht haben. Es gibt jedoch eine non-verbale Kommunikation, die entsteht, wenn es uns beiden, Ihnen und mir, ernst mit der Sache ist, wenn wir intensiv und unmittelbar dabei sind, zur gleichen Zeit, auf derselben Ebene; dann findet »Kommunion« statt, die non-verbal abläuft. Dann können wir auf Worte verzichten. Dann können Sie und ich schweigend dasitzen, aber es darf nicht mein oder Ihr Schweigen, sondern es muß unser beider Schweigen sein; dann kann vielleicht Kommunion stattfinden. Aber das wäre zuviel verlangt.

2

Wir haben so viele komplexe Probleme; unglücklicherweise verlassen wir uns auf andere, auf Experten und Sachverständige, um sie zu lösen. Die Religionen auf der ganzen Welt haben verschiedene Auswege angeboten. Man dachte, Wissenschaft werde dabei behilflich sein, diese Komplexität menschlicher Probleme aufzulösen; daß Bildung sie erledigen und beenden würde. Dagegen beobachtet man, daß die Probleme überall auf der Welt zunehmen, sie vervielfältigen sich und werden immer dringlicher, komplexer und offenbar endlos. Schließlich erkennt man, daß man sich auf niemanden verlassen kann, weder auf Priester noch auf Wissenschaftler oder Sachverständige. Man muß »im Alleingang« vorgehen, denn sie haben alle versagt; Kriege, Spaltungen der Religionen, Feindseligkeiten zwischen den Menschen, Brutalitäten, alles setzt sich weiter fort; ständige, zunehmende Angst und Kummer herrschen.
Man erkennt, daß man die Reise zum Verständnis allein antreten muß; man erkennt, daß es keine »Autorität« gibt. Jede Form von »Autorität‹ (außer, auf einer anderen Ebene, die Autorität der Technokraten und Sachverständigen) hat versagt. Der Mensch hat diese »Autoritäten« als Richtlinien, als Mittel zur Stiftung von Freiheit und Frieden eingesetzt, und weil sie versagten, haben sie ihren Sinn verloren, und deshalb gibt es eine allgemeine Revolte gegen die spirituellen, moralischen und ethischen »Autoritäten«. Alles befindet sich in Auflösung. Man kann in diesem Land, das ziemlich jung, vielleicht dreihundert Jahre alt ist, sehen, daß bereits ein Verfall stattfindet, bevor die Reife erreicht ist; es herrschen Unordnung, Konflikt und Verwirrung; Angst und Kummer sind unvermeidlich. Die äußeren Ereignisse zwingen einen unweigerlich, selbst eine Antwort zu finden; man muß reinen Tisch machen und von vorn beginnen, wissend, daß keine Autorität einem helfen wird, keine religiöse Sanktion, keine moralische Norm – nichts. Das Erbe der Vergangenheit, mit ihren heiligen Schriften, ihrem Erlöser hat keine Bedeutung mehr. Man ist gezwungen, für sich allein zu stehen, alles zu prüfen, zu erforschen, in Frage zu stellen, in Zweifel zu ziehen, zur Klärung des eigenen Bewußtseins, damit es nicht länger konditioniert, pervertiert und gequält wird.

Können wir tatsächlich allein stehen und der Sache selbst nachgehen, um die richtige Antwort zu finden? Können wir, indem wir unser eigenes Bewußtsein, unser eigenes, so stark konditioniertes Gemüt erforschen, vollkommen frei sein – sowohl unbewußt als auch bewußt?

Kann das Bewußtsein frei sein von Angst? Dies ist eine der wichtigsten Lebensfragen. Kann das menschliche Bewußtsein jemals frei sein von der Ansteckung durch Angst? Untersuchen wir das einmal, nicht abstrakt, nicht theoretisch, sondern wirklich, indem wir uns der eigenen physischen sowie psychischen, der bewußten sowie der geheimen, verborgenen Ängste bewußt werden. Ist das möglich? Man mag sich die physischen Ängste bewußt machen – das ist ziemlich einfach. Aber kann man sich der unbewußten, tieferen Schichten der Angst bewußt sein?

Angst in jeder Form verdunkelt das Bewußtsein, pervertiert es, ruft Verwirrung und neurotische Zustände hervor. In der Angst gibt es keine Klarheit. Und denken wir daran, daß man über die Ursachen der Angst theoretisieren, daß man sie mit größter Sorgfalt analysieren und sie intellektuell erforschen kann, doch am Ende hat man immer noch Angst. Wenn man aber die Frage der Angst untersuchen kann, indem man ihrer wirklich bewußt wird, dann können wir uns vielleicht vollständig von ihr befreien.

Da gibt es die bewußten Ängste: »Ich fürchte mich vor der öffentlichen Meinung«; »Ich könnte meinen Job verlieren«; »Meine Frau könnte mir davonlaufen«; »Ich habe Angst vor dem Alleinsein«; »Ich habe Angst davor, nicht geliebt zu sein«; »Ich habe Angst vor dem Sterben«. Es gibt die Angst vor der offenbar sinnlosen Langeweile des Lebens, die immerwährende Falle, in der man gefangen sitzt; die Mühsal der Ausbildung, des Geldverdienens in einem Büro oder einer Fabrik, das Kindergebären, den Genuß einiger sexueller Eskapaden und der unvermeidliche Kummer und der Tod. All dies erzeugt Angst, bewußte Angst. Kann man sich dieser Angst stellen, durch sie hindurchgehen, so daß man keine Angst mehr hat? Kann man all dies vom Tisch fegen und frei sein? Wenn nicht, dann lebt man offensichtlich in einem Zustand unaufhörlicher Angst, Schuld, Ungewißheit, mitwachsenden und sich vervielfältigenden Problemen.

Was ist also Angst? Kennen wir Angst überhaupt, oder kennen wir

sie erst, wenn sie vorüber ist? Es ist wichtig, daß wir das herausfinden. Sind wir jemals in unmittelbarer Berührung mit der Angst, oder ist unser Bewußtsein daran gewöhnt, so erzogen, daß es immer flüchtet und auf diese Weise nie mit dem in Berührung kommt, was es Angst nennt? Es wäre der Mühe wert, Ihre eigene Angst zu betrachten, und indem wir sie zusammen untersuchen, können wir vielleicht unmittelbar etwas über die Angst erfahren.

Was ist Angst? Was erzeugt sie? Was ist die Struktur und das Wesen der Angst? Man fürchtet sich, wie wir sagten, zum Beispiel vor der öffentlichen Meinung; damit ist Verschiedenes verbunden: Man könnte seine Stellung verlieren und so weiter. Wie entsteht diese Furcht? Ist sie das Resultat der Zeit? Hört Angst auf, wenn ich die Ursache der Angst kenne? Verschwindet Angst durch Analyse, wenn ich sie erforsche und ihren Grund ausfindig zu machen suche? Ich habe Angst vor etwas, vor dem Tod oder vor dem, was übermorgen geschehen könnte, oder ich fürchte mich vor der Vergangenheit; was erhält diese Angst aufrecht, was gibt ihr Dauer? Man hat vielleicht etwas falsch gemacht oder man hat etwas gesagt, was nicht hätte gesagt werden dürfen, *alles in der Vergangenheit*; oder man fürchtet sich vor dem, was geschehen könnte, schlechte Gesundheit, Krankheit, der Verlust der Stellung, *alles in der Zukunft*. Es gibt also die Angst vor der *Vergangenheit* und die Angst vor der *Zukunft*. Die Angst vor der Vergangenheit ist die Angst vor etwas, was bereits geschehen ist, und die Angst vor der Zukunft ist die Angst vor etwas, was geschehen könnte, eine Möglichkeit.

Was hält die Angst vor der Vergangenheit und ebenso die Angst vor der Zukunft aufrecht und verleiht ihr Dauer? Das ist mit Sicherheit das Denken – der Gedanke daran, was man in der Vergangenheit getan oder welche Schmerzen eine bestimmte Krankheit verursacht hat, und man hat Angst davor, daß diese Schmerzen sich in der Zukunft wiederholen könnten. Angst wird durch das Gedächtnis aufrechterhalten, indem man daran denkt. Das Denken, indem man an vergangene Schmerzen oder Freuden denkt, gibt ihr Dauer, erhält und nährt sie. Auf die Zukunft bezogene Freude oder Schmerz ist Aktivität des Denkens.

Ich habe Angst vor etwas, das ich getan habe, vor den möglichen Folgen in der Zukunft. Diese Angst wird vom Denken genährt. Das liegt ziemlich auf der Hand. Das Denken ist also Zeit – psycholo-

gisch gesehen. Das Denken bringt psychologische im Unterschied zur chronologischen Zeit hervor. (Wir reden jetzt nicht über chronologische Zeit.)

Das Denken, das die Zeit als gestern, heute und morgen zusammensetzt, ruft Angst hervor. Das Denken erzeugt das Intervall zwischen jetzt und dem, was in Zukunft geschehen kann. Das Denken schreibt die Angst fest durch die psychologische Zeit; Denken ist der Ursprung der Angst; Denken ist die Quelle des Kummers. Akzeptieren wir das? Sehen wir wirklich das Wesen des Denkens, wie es operiert, wie es funktioniert und die ganze Struktur der Vergangenheit, Gegenwart und Zukunft erzeugt? Sehen wir ein, daß Denken, indem es die Ursachen der Angst durch Analyse aufdeckt, was Zeit beansprucht, Angst nicht auflösen kann? In dem Intervall zwischen Ursache der Angst und dem Aufhören von Angst liegt die Tätigkeit der Angst. Das ist so, wie wenn ein gewalttätiger Mensch die Ideologie der Gewaltlosigkeit erfände; er sagt: »Ich werde gewaltlos werden«, aber in der Zwischenzeit sät er die Saat der Gewalt. Wenn wir uns also der Zeit bedienen – der Zeit, die das Denken ist – als ein Mittel, uns von der Angst zu befreien, werden wir die Angst nicht auflösen. Die Angst kann durch Denken nicht aufgelöst werden, weil Denken die Angst erzeugt hat.

Was soll man also tun? Wenn das Denken nicht der Ausweg aus dieser Angstfalle ist – bitte, machen Sie sich das ganz klar, nicht intellektuell, nicht verbal, nicht als Argument, dem Sie zustimmen oder nicht zustimmen, sondern als jemand, der betroffen ist, dem diese Frage der Angst ein tiefes Anliegen ist, wie es der Fall sein muß, wenn wir es überhaupt ernst damit meinen –, was soll man dann tun? Das Denken ist verantwortlich für die Angst; Denken erzeugt sowohl Angst als auch Lust. Wenn man sich das ganz klarmacht, daß Denken diese ungeheuren Angstgefühle erzeugt und daß Denken diese Angst unmöglich auflösen kann, was ist dann der nächste Schritt? Ich hoffe, daß Sie sich diese Frage selbst stellen und nicht darauf warten, daß ich sie beantworte. Wenn Sie nicht darauf warten, daß ich sie beantworte, dann sind Sie mit ihr konfrontiert. Sie ist eine Herausforderung, und Sie müssen sich ihr stellen. Wenn Sie diese Herausforderung mit den alten Reaktionen beantworten, wohin kommen Sie dann? – Sie haben immer noch

Angst. Die Herausforderung ist neu, unmittelbar: *Denken hat Angst erzeugt und kann sie daher unmöglich beenden; was wollen Sie tun?*

Zunächst, wenn einer sagt: »Ich habe das ganze Wesen und die Struktur des Denkens verstanden«, was ist damit gemeint? Was meint man mit dem Satz »Ich verstehe«, »Ich habe es verstanden«, »Ich habe das Wesen des Denkens erkannt«? Was ist das für ein Bewußtseinszustand, der sagt: »Ich habe verstanden«?

Bitte, folgen Sie aufmerksam; behaupten Sie nichts. Wir fragen: *Versteht das Denken?* Sie erzählen mir etwas, Sie beschreiben zum Beispiel sehr sorgfältig, sehr genau die Komplexität des modernen Lebens, und ich sage: »Ich habe verstanden«, nicht nur die Schilderung, sondern ihren Inhalt, ihre Tiefe, so daß ich begreife, wie die darin verstrickten Menschen sich in einem nervösen, neurotischen, schrecklichen Zustand befinden und so fort. Ich habe mit meinem Gefühl, mit meinen Nerven, mit meinen Ohren, mit allem verstanden, so daß ich nicht länger darin verstrickt bin. Das ist so, wie wenn ich begriffen habe, daß eine Kobra gefährlich ist – ich werde ihr dann, ganz klar, nicht mehr nahe kommen. Mein Handeln, falls ich ihr dennoch begegne, wird völlig anders sein, da ich verstanden habe.

Ist man also in einem Zustand, in dem man das Wesen des Denkens und das Ergebnis des Denkens, nämlich Angst und Lust versteht? Hat man sich damit auseinandergesetzt? Hat man wirklich, nicht theoretisch oder verbal oder intellektuell, begriffen, wie das vor sich geht? Oder bin ich noch bei der Beschreibung, bin ich noch bei dem Argument, bei der logischen Gedankenfolge, und nicht bei der Tatsache? Wenn ich mich mit der bloßen Schilderung, mit der verbalen Erklärung zufriedengebe, dann spiele ich nur herum. Wenn die Beschreibung mich zu dem beschriebenen Ding hinführt, nehme ich es unmittelbar wahr; und das ergibt ein ganz anderes Handeln. (Das ist wie beim Hungrigen, der Nahrung haben möchte, nicht eine Beschreibung der Nahrung oder die Schlußfolgerung, was geschehen würde, wenn er äße; er möchte zu essen haben.)

Wenn man erkennt, wie das Denken Angst erzeugt, was geschieht dann? Wenn jemand Hunger hat und ein anderer beschreibt ihm, wie herrlich es ist, zu essen, was tut er dann, wie reagiert er? Er wird sagen: »Beschreibe mir nicht das Essen, gib es mir.« Die Handlung

findet statt, unmittelbar, nicht theoretisch. Wenn man daher sagt: »Ich verstehe«, heißt das, daß eine ständige Lernbewegung im Gange ist, über das Denken, über Angst und Lust, und aus dieser ständigen Bewegung heraus handelt man; das Handeln findet unmittelbar in der Lernbewegung statt. Wenn man die Angst auf diese Weise kennenlernt, hört Angst auf.

Es gibt Ängste, die das Bewußtsein noch nie aufgedeckt hat, verborgene, heimliche Ängste. Wie kann der bewußte Geist sie aufdekken? Der bewußte Geist empfängt Hinweise auf diese Ängste durch Träume; wenn man diese Träume hat, müssen sie dann gedeutet werden? Da man sie selbst nicht ohne weiteres verstehen kann, hat man vielleicht einen Interpreten an der Hand, aber dieser wird sie entsprechend seiner eigenen Methode oder nach seinem Spezialgebiet deuten. Und außerdem gibt es Träume, die man deutet, während man sie träumt.

Warum soll man überhaupt träumen? Die Experten sagen, daß man träumen muß, sonst würde man verrückt werden; aber ich bin gar nicht sicher, daß man träumen muß. Warum kann man nicht während des Tages offen sein für Hinweise und Andeutungen des Unbewußten, so daß man überhaupt nicht träumt? Während sich dieser ständige Kampf des Träumens im Schlaf abspielt, kommt das Bewußtsein nie zur Ruhe, es ist nie erfrischt, nie erneuert. Kann das Bewußtsein nicht während des Tages so offen, rege, wach und bewußt sein, daß die Hinweise und Andeutungen der geheimen Ängste zutage treten und beobachtet und verarbeitet werden können? Durch Bewußtheit, durch Aufmerksamkeit während des Tages, im Reden, im Handeln, in allem, was geschieht, werden die geheimen sowie die offenen Ängste dargestellt; wenn man dann schläft, ist es ein vollkommen ruhiger Schlaf, ohne einen einzigen Traum, und das Bewußtsein erwacht am nächsten Morgen frisch, jung, unschuldig, lebendig. Das ist keine Theorie – tun Sie es, und Sie werden dahinterkommen.

[F]: Wie ist es möglich, die verborgenen Ängste ins Bewußtsein zu holen?

[K]: Man kann selbst an sich beobachten, sofern man wach, lebendig und aufmerksam ist, daß das Unbewußte unter anderem der Speicher der Vergangenheit, des rassischen Erbes ist. Ich bin in Indien geboren und wurde in einer bestimmten Kaste als Brahmane

mit allen Vorurteilen, dem Aberglauben, dem strengen moralischen Leben und so weiter erzogen; zusammen mit dem ganzen Gehalt an Rasse und Familie, der Überlieferung von zehntausend oder mehr Jahren, kollektiver und individueller, ist alles das im Unbewußten enthalten. Das verstehen wir im allgemeinen unter dem Unbewußten; der Fachmann mag ihm eine andere Bedeutung geben, aber als Laien können wir es selbst beobachten. Wie kann nun all dies zutage gefördert werden? Wie wollen Sie das anstellen? Sie haben das Unbewußte in sich; wenn Sie Jude sind, ist die ganze verborgene Überlieferung des Judentums vorhanden; wenn Sie Katholik sind, ist all das vorhanden, verborgen; wenn Sie Kommunist sind, ist es auf andere Weise da und so fort. Wie wollen Sie, ohne zu träumen – das ist kein Puzzlespiel –, wie wollen Sie all dies zutage fördern?
Wenn Sie während des Tages wach sind, all Ihrer Gedankenvorgänge bewußt, wenn Sie Ihrer Worte und Gesten bewußt sind, wie Sie sitzen, wie Sie gehen, wie Sie reden, wenn Sie Ihrer Reaktionen bewußt sind, dann kommt alles Verborgene ganz leicht heraus. Und das erfordert keine Zeit, es wird nicht viele Tage dauern, denn Sie leisten keinen Widerstand mehr, Sie graben nicht mehr aktiv nach, sondern beobachten einfach und horchen. In diesem Zustand der Bewußtheit kommt alles zutage. Wenn Sie aber sagen: »Ich werde manches beibehalten und anderes ablegen«, dann befinden Sie sich im Halbschlaf. Wenn Sie sagen: »Ich will alles ›Gute‹ am Hinduismus, am Judentum oder Katholizismus behalten und den Rest loswerden«, sind Sie offensichtlich noch immer konditioniert, Sie halten immer noch fest. Man muß daher all das herauskommen lassen, ohne Widerstand.

[F]: In dieser Bewußtheit gibt es keine Wahl?

[K]: Wenn diese Bewußtheit »wählt«, dann blockieren Sie sie. Wenn es in dieser Bewußtheit aber keine Wahl gibt, dann kommt alles hoch, die verborgensten und heimlichsten Wünsche, Ängste und Zwänge.

[F]: Soll man versuchen, eine Stunde pro Tag bewußt zu sein?

[K]: Wenn ich eine Minute lang bewußt und aufmerksam bin, reicht das. Die meisten von uns sind unaufmerksam. Dieser Unaufmerksamkeit bewußt zu werden, ist Aufmerksamkeit; aber die Kultivierung von Aufmerksamkeit ist nicht Aufmerksamkeit. Ich bin mir eine Minute lang aller Dinge bewußt, die sich in mir abspielen,

ohne eine Wahl zu treffen, indem ich sehr genau beobachte; dann verbringe ich eine Stunde, ohne aufmerksam zu sein; und am Ende der Stunde nehme ich es wieder auf.

3

Neulich wurde mir gesagt, daß für Meditation gegenwärtig kein Platz in Amerika sei; daß die Amerikaner Aktion brauchten, nicht Meditation. Ich frage mich, warum man zwischen einem kontemplativen, meditativen Leben und einem Leben des aktiven Handelns unterscheidet. Wir sind in dieser dualistischen, zersplitterten Weise, das Leben zu betrachten, gefangen. In Indien gibt es die Vorstellung verschiedener Lebensweisen: Da ist der Mensch der Tat, der Mensch des Wissens, der Mensch der Weisheit und so fort. Eine solche Aufspaltung des Lebensakts selbst muß unweigerlich zu Konformität, Einschränkung und Widerspruch führen.
Wenn wir auf diese Frage der Meditation eingehen wollen – die etwas außerordentlich Vielschichtiges und, für den Sprecher, äußerst Wichtiges ist –, müssen wir wissen, was wir unter diesem Wort verstehen. Die lexikalische Bedeutung des Wortes ist »sinnend betrachten, nachdenken, überlegen, bedachtsam prüfen« und so fort. Indien und Asien scheinen den Alleinanspruch auf dieses Wort zu erheben, als ob Meditation in ihrer ganzen Tiefe, Bedeutung und ihrem Endziel nach von ihnen beherrscht würde; sie besitzen offenbar das Monopol darauf – was natürlich absurd ist. Wenn wir von »Meditation« sprechen, müssen wir uns darüber im klaren sein, ob ihre Absicht eine Flucht vor dem Leben ist – vor der Tretmühle des Alltags, der Langeweile, der Sorge und Angst – oder eine Lebensweise. Entweder wir versuchen durch die Meditation, dieser verrückten und häßlichen Welt gänzlich zu entfliehen, oder sie ist gerade das Verstehen, das Leben und Handeln im Leben selbst. Wenn wir entfliehen wollen, gibt es dafür verschiedene Schulen: die Zen-Klöster in Japan und die vielen anderen Systeme. Es leuchtet ein, weshalb sie so verführerisch sind, denn das Leben, so wie es ist, ist sehr häßlich, brutal, rücksichtslos, ein Konkurrenzkampf. Es hat

überhaupt keinen Sinn, so, wie es ist. Wenn die Hindus uns ihre Yoga-Systeme, ihre Mantras, die Wiederholung von Worten und so fort anbieten, liegt die Versuchung nahe, das Angebot leichthin und gedankenlos anzunehmen, denn sie versprechen uns eine Belohnung, ein Gefühl der Befriedigung in der Flucht. Darüber müssen wir uns ganz im klaren sein; es geht uns nicht um eine Flucht, sei es durch ein kontemplatives, visionäres Leben, durch Drogen oder durch die Wiederholung von Wörtern.

In Indien wird die Wiederholung bestimmter Sanskrit-Wörter Mantra genannt. Sie haben eine bestimmte Tonalität und versetzen das Bewußtsein angeblich in eine lebendigere Schwingung. Doch die Wiederholung dieser Mantras muß das Bewußtsein abstumpfen. Vielleicht wollen die meisten Menschen gerade das, weil sie dem Leben, so wie es ist, nicht ins Auge sehen können. Es ist zu erschrekkend, und sie möchten gefühllos gemacht werden. Die Wiederholung von Wörtern, das Konsumieren von Drogen, Alkohol und so fort tragen dazu bei, das Bewußtsein abzustumpfen. Die Abstumpfung des Bewußtseins wird »Ruhe« oder »Stille« genannt, die es offensichtlich nicht ist. Ein stumpfes Bewußtsein kann sich über Gott, Tugend und Schönheit Gedanken machen und trotzdem stumpf, stupid und schwerfällig bleiben. Uns geht es in keiner Weise um diese verschiedenen Formen der Flucht.

Meditation ist keine Fragmentierung des Lebens. Sie ist kein Rückzug ins Kloster oder in ein Zimmer, wo man für zehn Minuten oder eine Stunde still sitzt und versucht, sich zu konzentrieren, das Meditieren zu erlernen, während man im übrigen trotzdem ein scheußlicher, häßlicher Mensch bleibt. Man sollte das alles beiseite fegen als unintelligent, als zu einem Bewußtseinszustand gehörend, der unfähig ist, die Wahrheit wirklich zu erkennen. Denn um zu verstehen, was Wahrheit ist, muß man ein sehr scharfes, klares und präzises Bewußtsein haben, kein schlaues oder gequältes, sondern ein Bewußtsein, das in der Lage ist, ohne jegliche Entstellung zu schauen, ein unschuldiges und verletzliches Bewußtsein. Nur ein solches Bewußtsein vermag zu erkennen, was Wahrheit ist; das kann nur einer, der vollkommen lernfähig ist; wobei Lernen nicht die Anhäufung von Wissen ist, sondern eine Bewegung von Augenblick zu Augenblick. Der Geist und auch der Körper müssen hochsensibel sein. Sie können nicht einen dumpfen, schweren, von Wein und Fleisch bela-

steten Körper haben und dann versuchen zu meditieren – das hat keinen Sinn. Daher muß Ihr Geist, Ihr Bewußtsein – wenn man sich ernsthaft und tief auf die Frage einläßt – außerordentlich wach, sensibel und intelligent sein, aber nicht von jener Intelligenz, die aus dem Wissen kommt.

Können wir, die wir in dieser Welt mit all ihrer Mühsal leben und so verstrickt sind in Elend, Kummer und Gewalt, das Bewußtsein in einen Zustand versetzen, der hochsensibel und intelligent ist? Das ist der erste und wesentliche Punkt bei der Meditation. Zweitens, können wir ein Bewußtsein haben, das der logischen, konsequenten Wahrnehmung fähig und in keiner Weise verzerrt oder neurotisch ist; drittens, ein hochdiszipliniertes Bewußtsein? Das Wort »Disziplin« bedeutet »lernen«, nicht gedrillt werden. Disziplin ist ein Akt des Lernens – diese Bedeutung hat sogar die Wortwurzel. Ein disziplinierter Geist sieht alles ganz klar, objektiv und nicht emotional, nicht sentimental. Dies sind die Grundvoraussetzungen, um das zu entdecken, was jenseits der Reichweite des Denkens liegt, etwas, das nicht vom Denken gemacht wird, das der höchsten Form der Liebe fähig ist, einer Dimension, die nicht die Projektion des eigenen kleinen Bewußtseins ist.

Wir haben die Gesellschaft erschaffen, und diese Gesellschaft hat uns geprägt. Unser Bewußtsein wurde durch eine Moral, die nicht moralisch ist, gequält und durch und durch geprägt. Die Moral der Gesellschaft ist Unmoral, weil die Gesellschaft Gewalt, Habgier, Konkurrenz, Ehrgeiz und so fort, die im wesentlichen unmoralisch sind, zuläßt und fördert. Es gibt keine Liebe, Rücksicht, Zuneigung, Zärtlichkeit, und der »moralische Anstand« der Gesellschaft ist etwas vollkommen Liederliches. Ein Bewußtsein, das seit Jahrtausenden darauf abgerichtet wurde, hinzunehmen, zu gehorchen und sich anzupassen, kann unmöglich hochsensibel und daher wirklich tugendhaft sein. Was ist Tugend? Denn sie ist notwendig.

Ohne die rechte Grundlage bringt ein Mathematiker es nicht sehr weit. In gleicher Weise muß man, wenn man etwas begreifen und über etwas hinausgehen will, was einer völlig anderen Dimension angehört, den rechten Grund legen; und die rechte Grundlage ist die Tugend, die Ordnung ist – nicht die Ordnung der Gesellschaft, die Unordnung ist. Wie kann das Bewußtsein ohne Ordnung sensibel, lebendig und *frei* sein?

Tugend besteht allerdings nicht in der wiederholten Befolgung eines als Anstand geltenden Verhaltensmusters, das das Establishment in diesem Land oder in der übrigen Welt als Moral betrachtet. Hier muß man sich ganz im klaren darüber sein, was Tugend ist. Man begegnet der Tugend; man kann sie ebensowenig kultivieren wie die Liebe oder die Demut. Man begegnet ihr – dem Wesen der Tugend, ihrer Schönheit, ihrer Ordnung –, wenn man weiß, was sie nicht ist. Durch die Negierung findet man das Positive. Man findet die Tugend nicht, indem man das Positive definiert und ihm dann nacheifert – das ist keineswegs Tugend. Verschiedene Formen dessen zu kultivieren, »was sein sollte«, die sogenannte Tugend – wie Gewaltlosigkeit –, diese Tag für Tag zu praktizieren, bis sie mechanisch werden, hat keinen Sinn.

Tugend ist doch etwas, das von Augenblick zu Augenblick geschieht, wie Schönheit, wie Liebe – nicht etwas, das Sie angehäuft haben und aufgrund dessen Sie handeln. Dies ist nicht einfach eine verbale Behauptung, der man zustimmen oder nicht zustimmen kann. Es gibt Unordnung – nicht nur in der Gesellschaft, sondern in uns selbst, völlige Unordnung –, aber es ist nicht so, daß etwas in uns in Ordnung und alles übrige in Unordnung ist; dies ist wiederum Dualität und daher Widerspruch, Verwirrung und Kampf. Wo Unordnung herrscht, muß es Wahl und Konflikt geben. Nur das verwirrte Bewußtsein trifft eine Wahl, aber einem Bewußtsein, das alles klar erkennt, stellt sich gar keine Wahl. Wenn ich verwirrt bin, werden auch meine Handlungen verwirrt sein.

Ein Bewußtsein, das die Dinge ganz klar sieht, ohne Verzerrung, ohne persönliche Voreingenommenheit, hat die Unordnung verstanden und ist frei von ihr. Ein solches Bewußtsein ist tugendhaft, ordentlich – nicht ordentlich im Sinne der Kommunisten, Sozialisten oder Kapitalisten oder irgendeiner Kirche, sondern ordentlich, weil es das ganze Ausmaß der Unordnung in sich selbst verstanden hat. Innere Ordnung ist der absoluten Ordnung der Mathematik verwandt. Die höchste Ordnung im Inneren ist wie etwas Absolutes; sie kann nicht durch Kultivierung, nicht durch Übung, Unterdrückung, Kontrolle, Gehorsam und Konformität zustande gebracht werden. Nur ein in höchstem Maße geordnetes Bewußtsein kann sensibel und intelligent sein.

Man muß sich die Unordnung im eigenen Inneren, die Wider-

sprüche, die dualistischen Kämpfe, die gegensätzlichen Wünsche, die ideologischen Bestrebungen und ihre Unwirklichkeit bewußt machen. Man muß »das, was ist«, beobachten, ohne darüber den Stab zu brechen, ohne es zu beurteilen, ohne es zu bewerten. Ich sehe das Mikrophon als Mikrophon – nicht als etwas, das ich mag oder nicht mag, das ich für gut oder schlecht halte –, ich sehe es, wie es ist. In gleicher Weise muß man sich selbst so sehen, wie man ist, ohne das, was man sieht, schlecht oder gut zu nennen – es zu bewerten (was nicht heißt, daß man tut, was einem beliebt). Tugend ist Ordnung; man kann sie nicht zu einer Schablone machen; und wenn man es tut und sich daran hält, ist man unmoralisch, unordentlich geworden.

[F]: Ist Ordnung einfach Nicht-Unordnung?

[K]: Nein. Wir sagten, daß das Verständnis dessen, was Unordnung ist – nicht im verbalen oder intellektuellen Sinn –, tatsächlich bedeutet, von Unordnung, welche Konflikt, Kampf der Dualität ist, frei zu sein. Aus diesem Verständnis kommt die Ordnung, die etwas Lebendiges ist. Etwas Lebendiges kann man nicht auf ein Stück Papier bannen und dann versuchen, es zu befolgen – es ist vielmehr eine Bewegung.

Unser Bewußtsein ist gequält, es ist verbogen, weil wir uns so ungeheuer anstrengen, zu leben, zu machen, zu handeln, zu denken. Anstrengung in jeder Form muß eine Verzerrung sein. In dem Augenblick, in dem wir uns anstrengen, bewußt zu sein, ist das nicht Bewußtheit. Ich bin bewußt, wenn ich diesen Saal betrete; ich mache keine Anstrengung. Ich bin mir der Größe des Raumes, der Farbe der Vorhänge, der Lampen, der Menschen, der Farbe ihrer Kleidung bewußt – all dies ist mir bewußt, ohne daß ich mich dabei anstrenge. Wenn Aufmerksamkeit eine Anstrengung ist, dann ist sie Unaufmerksamkeit.

[F]: Etwas führt mich von der Unaufmerksamkeit weg.

[K]: Nichts führt Sie von der Unaufmerksamkeit zur Aufmerksamkeit. Meistens ist man unaufmerksam. Wenn Sie wissen, daß Sie unaufmerksam sind, und in dem Augenblick, in dem Sie die Unaufmerksamkeit erkennen, achtgeben, sind Sie aufmerksam.

Etwas objektiv zu betrachten, ohne es zu beurteilen, ist ziemlich einfach. Betrachten Sie einen Baum, eine Blume oder die Wolke, das Licht auf dem Wasser: Dies anzuschauen, ohne es zu beurtei-

len oder zu bewerten, ist ziemlich leicht – weil es uns nicht tief berührt. Aber meine Frau, meinen Professor ohne Bewertung anzuschauen, ist fast unmöglich, weil ich mir von dieser Person ein Bild mache. Dieses Bild ist aus einer Reihe von Ereignissen im Laufe von Tagen, Monaten und Jahren entstanden – mit ihrer Freude, ihrem Schmerz, sexueller Lust und so fort. Durch dieses Bild sehe ich diese Person. Sehen Sie, was geschieht: Wenn ich meine Frau oder meinen Nächsten anschaue – der Nächste mag auch tausend oder zehntausend Kilometer entfernt sein –, so betrachte ich sie oder ihn durch die Bilder, die ich mir gemacht habe, und durch die Bilder, die von der Propaganda aufgebaut wurden. Habe ich eine Beziehung? Gibt es eine Beziehung zwischen dem Ehemann und der Ehefrau, wenn beide ihre Bilder voneinander haben? Die Bilder haben Beziehungen zueinander – die Erinnerungen an Erfahrungen, das Nörgeln, das Drangsalieren, das Dominieren, das Vergnügen, dies und jenes –, die sich über die Jahre angesammelt haben. Ich sehe durch diese Erinnerungen, diese Bilder, und sage: »Ich kenne meine Frau«, oder sie sagt, daß sie mich kenne. Ist das aber wirklich so? Ich kenne bloß die Bilder; etwas Lebendiges kann ich nicht kennen – was ich kenne, sind tote Bilder.

[F]: Kann ich mich selbst so sehen?

[K]: Wenn Sie sich selbst mit einem Bild sehen, das Sie von sich haben, können Sie nicht lernen. Ich entdecke zum Beispiel einen tiefsitzenden Haß in mir und sage: »Wie schrecklich, wie häßlich.« Wenn ich das sage, hindere ich mich daran, zu sehen. Die verbale Äußerung, das Wort, das Symbol verhindert die Beobachtung. Wenn ich etwas über mich erfahren will, darf es kein Wort, kein Wissen, kein Symbol, kein Bild geben; dann lerne ich aktiv.

[F]: Ist es möglich, ständig zu beobachten?

[K]: Ich überlege, warum man eine solche Frage stellt. Ist es eine Form von Gier? Sie sagen: »Wenn ich das tun könnte, wäre mein Leben anders« – daher sind Sie gierig. Vergessen Sie, ob Sie es ständig tun können – Sie werden es herausfinden. Fangen Sie damit an und sehen Sie, wie außerordentlich schwer es ist, aufmerksam zu sein.

[F]: (Unverständlich auf dem Tonband)

[K]: Durch meine Sinnesorgane vermag ich visuell zu sehen; und außerdem gibt es ein psychologisches Sehen; ich sehe visuell,

warum soll ich das Sehen psychischer Erinnerungen in das hineintragen, was ich jetzt sehe?
All dies ist Meditation. Sie können nicht sagen, all das gibt es, und danach kommt die Meditation! All dies gehört zu der Lebensweise, die Meditation ist, und das ist das Schönste daran. Das ist nicht Schönheit wie in der Architektur, wie in der geschwungenen Linie eines Hügels, nicht die Schönheit der untergehenden Sonne oder des Mondes, nicht des Wortes oder des Gedichts, nicht einer Statue oder eines Gemäldes – sondern sie liegt in einer Lebensweise. Sie können etwas Beliebiges anschauen, und die Schönheit ist da.
Ist es für ein verbogenes, zerbrochenes, zersplittertes Bewußtsein möglich, alles klar und unschuldig zu sehen? Wir sind gequälte Menschen, ganz ohne Frage, unser Bewußtsein wurde verbogen und gequält – wie kann ein solches Bewußtsein die Dinge wirklich klar sehen? Um das herauszufinden – weil wir etwas lernen, nicht etwas behaupten wollen –, muß man die Frage der Erfahrung näher betrachten.
Jede Erfahrung hinterläßt eine Spur, einen Rückstand, eine Erinnerung an Schmerz oder Lust. Das Wort »Erfahrung« bedeutet, »durch etwas hindurchgehen«. Aber wir gehen nie »durch etwas hindurch«, so daß es eine Spur hinterläßt. Wenn Sie eine große Erfahrung machen, gehen Sie durch ihre Größe hindurch, so vollständig, daß Sie frei sind davon, dann hinterläßt sie keine Erinnerungsspuren.
Wie kommt es, daß jede Erfahrung, die wir gemacht haben, eine bewußte oder unbewußte Erinnerung zurückläßt? Denn gerade dies verhindert Unschuld. Sie können Erfahrungen nicht verhindern. Wenn Sie eine Erfahrung verhindern oder ihr Widerstand leisten, errichten Sie eine Mauer um sich, Sie isolieren sich; und das tun die meisten Menschen.
Man muß das Wesen und die Struktur der Erfahrung verstehen. Sie sehen einen Sonnenuntergang, so wie gestern abend – wie wunderschön, das Licht, das rosafarbene Licht auf dem Wasser und die in ein wunderbares Licht getauchten Wipfel der Bäume. Sie betrachten es, Sie genießen es, Sie erleben ein großes Entzücken und Schönheit, Farbe und Tiefe; eine Sekunde später sagen Sie: »Wie schön das war.« Sie beschreiben es jemandem, Sie möchten es wiedersehen, die Schönheit, die Freude, das Entzücken. Sie werden

morgen vielleicht zurückkehren, zur selben Zeit und Stunde, und Sie werden den Sonnenuntergang vielleicht noch einmal sehen – aber Sie werden ihn mit der Erinnerung von gestern betrachten. Die Frische ist also schon durch die gestrige Erinnerung beeinträchtigt. In derselben Weise können Sie mich beleidigen oder mir schmeicheln, und die Beleidigung und die Schmeichelei hinterlassen Spuren von Schmerz und Freude. So häufe ich an, so häuft das Bewußtsein durch Erfahrung an, wird dichter, gröber und schwerfälliger durch Tausende von Erfahrungen. Das ist eine Tatsache. Kann ich nun, wenn Sie mich beleidigen, mit Aufmerksamkeit zuhören und die Beleidigung betrachten, nicht unmittelbar auf sie reagieren, sondern sie betrachten? Wenn Sie mir sagen, daß ich ein Narr bin, mögen Sie recht haben, vielleicht bin ich ein Narr, wahrscheinlich bin ich es. Oder wenn Sie mir schmeicheln, beobachte ich auch das. Dann hinterlassen die Beleidigung und die Schmeichelei keine Spuren. Das Bewußtsein ist wach, aufmerksam, sei es gegenüber Ihrer Beleidigung oder Schmeichelei oder dem Sonnenuntergang und der Schönheit so vieler Dinge. Das Bewußtsein ist die ganze Zeit wach und daher immer frei – obgleich es tausend Erfahrungen aufnimmt.

[F]: Wenn jemand Sie beleidigt und Sie wirklich auf das hören, was man Ihnen sagt, nachdem Sie es gehört haben... haben Sie dann recht oder unrecht?

[K]: Nein, Sie können es sofort erkennen, da das Bewußtsein frei von Vergangenheit, von der psychischen Anhäufung von Wissen und Erfahrung ist. Sie können unschuldig sein.

[F]: Dann muß das Bewußtsein aufmerksam sein.

[K]: Natürlich. Und darin liegt eine große Freude. In dem anderen nicht; da ist das Bewußtsein verbogen, gequält von der Erfahrung und kann daher niemals unschuldig, frisch, jung und lebendig sein.

Da haben wir diese ganze Frage der Liebe. Haben Sie je darüber nachgedacht, was Liebe ist? Ist Liebe ein Gedanke oder ein Produkt des Denkens? Kann Liebe durch Denken kultiviert – und eine Gewohnheit werden? Ist Liebe Vergnügen? Liebe, wie wir sie kennen, ist im wesentlichen das Streben nach Vergnügen. Und wenn Liebe Vergnügen ist, dann ist Liebe auch Angst – nicht wahr?

Was ist denn Vergnügen? Wir leugnen das Vergnügen nicht; wir

sagen nicht, daß Sie kein Vergnügen haben sollen; das wäre absurd. Was ist Vergnügen? Sie haben gestern abend den Sonnenuntergang gesehen. Im Augenblick der Wahrnehmung gab es weder Vergnügen noch Schmerz, sondern nur die unmittelbare Berührung mit dieser Wirklichkeit. Aber einige Minuten später begannen Sie darüber nachzudenken, wie hinreißend das war. Genau so ist es mit Sex. Sie denken daran, indem Sie Vorstellungen und Bilder aufbauen; daran zu denken, verschafft Ihnen Vergnügen. In derselben Weise empfinden Sie Angst, wenn Sie an den Verlust dieses Vergnügens denken – wenn Sie daran denken, daß Sie morgen Ihre Stellung verlieren können, daß Sie einsam und nicht geliebt sind, daß Sie unfähig sind, sich selbst zum Ausdruck zu bringen, und so fort. Diese Maschinerie des »Daran-Denkens« erzeugt sowohl Vergnügen als auch Angst.
Kann Liebe so kultiviert werden, wie Sie eine Pflanze züchten? Kann Liebe durch Denken kultiviert werden? – wenn man weiß, daß Denken Vergnügen und Angst hervorbringt. Man muß lernen, was Liebe ist, *lernen*, nicht anhäufen, was andere über die Liebe gesagt haben – wie schrecklich! Man muß lernen, man muß beobachten. Liebe läßt sich nicht durch das Denken kultivieren; Liebe ist etwas völlig anderes.
Aus der Sensibilität und Intelligenz, aus der Ordnung, die dann entsteht, wenn das Bewußtsein begreift, was diese Unordnung hervorruft, und sich von ihr befreit, aus der Disziplin, die aus dem Begreifen der Unordnung kommt, begegnet man diesem Ding, das Liebe heißt – das die Politiker, die Priester, der Ehemann, die Ehefrau zerstört haben.
Liebe verstehen, heißt, den Tod verstehen. Wenn man bezüglich der Vergangenheit nicht stirbt, wie kann man lieben? Wenn ich nicht bezüglich des *Bildes* sterbe, das ich von mir habe, und des *Bildes*, das ich von meiner Frau habe, wie kann ich dann lieben?
All dies ist das Wunder der Meditation und ihre Schönheit. In all dem begegnet einem etwas: das Wesen des Geistes, der religiös und still ist. Religion ist nicht organisierter Glaube, mit ihren Göttern und ihren Priestern. Religion ist ein Zustand des Geistes, ein freier Geist, ein unschuldiger und daher vollkommen stiller Geist – ein solcher Geist ist grenzenlos.

[F]: Was geschieht mit den Leuten, die diese Art von Bewußtsein nicht haben?

[K]: Warum sagen wir: »Wenn die Leute ihn nicht haben?« Wer sind »die Leute«? Wenn ich ihn nicht habe – nur darauf kommt es an. Wenn ich kein so scharfes, klares Bewußtsein habe, was soll ich dann tun? Das ist doch die Frage. Unser Bewußtsein ist verwirrt, ist es nicht so? Wir leben in Verwirrung. Was soll man tun? Wenn ich dumm bin, nützt es nichts, die Dummheit aufzupolieren, klug sein zu sollen. Zuerst muß ich wissen, daß ich dumm bin, daß ich stumpf bin. Die Bewußtheit dieser meiner Stumpfheit ist es gerade, die mich von ihr befreit. Wenn man sagt: »Ich bin ein Narr«, wenn man nicht verbal, sondern wirklich sagt: »Also gut, ich bin ein Narr«, dann ist man bereits aufmerksam und kein Narr mehr. Wenn Sie aber dem, was Sie sind, Widerstand leisten, dann wird Ihre Dummheit immer größer.

In dieser Welt ist es der Gipfel an Intellekt, wenn man sehr klug, sehr schlau, kompliziert und gelehrt ist. Ich verstehe nicht, warum die Leute die Gelehrsamkeit in ihrem Kopf herumtragen – warum lassen sie sie nicht auf den Regalen der Bibliothek stehen? Die Computer sind sehr gelehrt. Gelehrsamkeit hat nicht das geringste mit Intelligenz zu tun. Die Dinge so zu sehen, wie sie sind, in uns selbst, ohne Konflikt hervorzurufen durch die Wahrnehmung dessen, was wir sind, erfordert die unerhörte Schlichtheit der Intelligenz. Ich bin ein Narr, ich bin ein Lügner, ich bin zornig und so fort: Ich beobachte das, ich lerne es kennen und verlasse mich nicht auf irgendeine Autorität, ich leiste keinen Widerstand, ich sage nicht: »Ich muß anders sein«, es ist einfach da.

[F]: Wenn ich versuche, aufmerksam zu sein, merke ich, daß ich es nicht kann.

[K]: Entsteht Aufmerksamkeit aus Unaufmerksamkeit?

[F]: Nein! Was ruft sie hervor – wie entsteht sie?

[K]: Fragen wir zunächst, was ist Aufmerksamkeit? Wenn Sie aufmerken, das heißt wenn Sie mit Ihrem Bewußtsein, Ihrem Herzen, Ihren Nerven, Ihren Augen, Ihren Ohren bei der Sache sind, ist das vollständige Aufmerksamkeit; sie findet statt, nicht wahr? Das ist vollständige Aufmerksamkeit. Wenn kein Widerstand da ist, kein Zensor, keine bewertende Bewegung, das ist Aufmerksamkeit – dann haben Sie sie.

[F]: Aber das scheint so selten zu geschehen.

[K]: Aha! – da haben wir es wieder. »Es geschieht so selten!« Ich

weise nur auf etwas hin, was ist: Die meisten von uns sind unaufmerksam. Wenn Sie also das nächste Mal Ihrer Unaufmerksamkeit bewußt sind, dann sind Sie aufmerksam, nicht wahr? Machen Sie sich also Ihre Unaufmerksamkeit bewußt. Durch Negation kommt man zum Positiven. Durch das Verstehen der Unaufmerksamkeit stellt sich Aufmerksamkeit ein.

Vier Reden an der Universität von Kalifornien in Berkeley

1

Das Wichtige ist, daß wir zuhören, nicht nur dem Sprecher, sondern auch unseren Reaktionen auf das Gesagte, denn der Sprecher befaßt sich nicht mit irgendeiner Philosophie, er vertritt in keiner Weise Indien oder irgendeine indische Philosophie. Es geht uns um menschliche Probleme, nicht um Philosophien und Glaubenssysteme. Es geht uns um menschliches Leid, das Leid, das die meisten von uns haben, um Sorge, Angst, Hoffnung und Verzweiflung und die große Unordnung, die auf der ganzen Welt herrscht. Das geht uns als Menschen etwas an, weil wir für dieses kolossale Chaos in der Welt verantwortlich sind. Wir sind verantwortlich für die Unordnung, für den Krieg, der in Vietnam geführt wird, wir sind verantwortlich für die Unruhen. Als Menschen, die in dieser Welt, in verschiedenen Ländern und Gesellschaftsformen leben, sind wir in der Tat verantwortlich für alles, was geschieht. Ich glaube nicht, daß wir begreifen, wie ernst diese Verantwortung ist. Manche von uns empfinden das vielleicht, und daher möchten wir etwas tun, einer bestimmten Gruppe, einer bestimmten Sekte oder Glaubensgemeinschaft beitreten und unser ganzes Leben dieser Ideologie, dieser bestimmten Aktivität weihen. Doch das löst das Problem nicht, noch entbindet es uns von unserer besonderen Verantwortung.

Wir müssen uns also zuerst darum bemühen zu verstehen, was das Problem ist, nicht darum, was zu tun sei; das kommt später.

Die meisten von uns möchten etwas tun, wir möchten uns auf einen bestimmten Weg des Handelns festlegen, aber leider führt das zu noch mehr Chaos, noch mehr Verwirrung, noch mehr Brutalität.

Ich meine, wir müssen das Problem als Ganzes betrachten, nicht einen bestimmten Teil davon, einen Ausschnitt oder ein Bruchstück, sondern das gesamte Problem des Lebens, und dazu gehört, daß wir ins Büro gehen, dazu gehören Familie, Liebe, Sex, Konflikt, Ehrgeiz und zu verstehen, was der Tod ist; sowie die Frage, ob es so etwas gibt wie Gott oder die Wahrheit, oder welchen Namen man

ihm auch geben mag. Wir müssen dieses Problem in seiner Ganzheit erfassen. Damit werden wir uns schwer tun, weil wir so daran gewöhnt sind, auf ein bestimmtes Problem zu agieren und zu reagieren, und nicht sehen, daß alle menschlichen Probleme zusammenhängen. Daher meine ich, daß es viel wichtiger wäre, eine vollkommene psychische Revolution herbeizuführen, statt einer ökonomischen oder sozialen Revolution, die nur an einem bestimmten Establishment rüttelt – hier oder in Frankreich oder in Indien –, denn es geht um viel tiefere, grundlegendere Probleme als darum, daß man lediglich ein Aktivist wird oder sich einer bestimmten Gruppe anschließt oder daß man sich in ein Kloster zurückzieht, um zu meditieren, indem man Zen oder Yoga lernt.
Bevor Sie dem Sprecher Fragen stellen, betrachten wir doch zuerst einmal das Problem. Das ist nicht etwas, das Sie hergeführt hat, dem Sie eine Stunde oder so zuhören, um es dann zu vergessen. Wir haben es mit menschlichen Problemen zu tun. Sie und ich müssen heute abend tüchtig arbeiten. Sie sind nicht nur hier, um ein paar Ideen zu sammeln, mit denen Sie übereinstimmen oder nicht, oder um festzustellen, was der Sprecher zu sagen hat. Sie werden finden, daß er sehr wenig zu sagen hat, weil wir die Probleme gemeinsam untersuchen werden, wir wollen keinen Beschluß fassen, sondern die Probleme verstehen; und dieses Verständnis wird zu seinem eigenen Handeln führen. So möchte ich den Vorschlag machen, daß Sie weder zustimmen noch widersprechen und keine Schlußfolgerung ziehen. Hören Sie ohne Vorurteil, ohne vorgefaßte Ideen zu, denn wir haben jahrhundertelang dieses Spiel mit Worten, mit Ideen, mit Ideologien getrieben, und es hat zu nichts geführt – wir leiden immer noch, wir sind immer noch in Aufruhr, wir suchen immer noch eine Glückseligkeit, die nicht Vergnügen ist.
Wie wir bereits sagten, haben wir es mit dem ganzen Problem des Lebens zu tun, nicht mit einem bestimmten Teil oder Ausschnitt. Also wollen wir zuerst feststellen, was unsere Probleme eigentlich sind, nicht, wie sie zu lösen sind oder was wir tun sollen, weil in dem Augenblick, in dem wir das Problem verstehen, dieses Verstehen selbst seine eigene Handlung hervorruft. Ich meine, es ist sehr wichtig, daß wir das erkennen. Die meisten von uns betrachten Probleme mit einer Schlußfolgerung, mit einer Annahme; wir sind nicht frei, zu beobachten, was tatsächlich ist. Wenn wir frei sind, zu schauen,

das Problem zu erforschen, dann kommt aus dieser Beobachtung, dieser Erforschung das Verstehen. Und dieses Verstehen ist selbst Handlung, nicht eine Schlußfolgerung, die zu einer Handlung führt. Wir werden das näher untersuchen, und vielleicht werden wir uns im Verlauf dessen gegenseitig verstehen.

Wissen Sie, wo immer man in der Welt herumkommen mag, die Menschen sind doch mehr oder weniger gleich. Ihre Sitten, ihr Verhalten und ihre äußeren Handlungsmuster mögen verschieden sein, aber psychisch, innerlich, sind ihre Probleme die gleichen. Überall auf der Welt ist der Mensch verwirrt, das ist die erste Beobachtung. Ungewiß, unsicher tastet er sich vorwärts, er sucht, fragt, hält Ausschau nach einem Weg, der aus diesem Chaos herausführen könnte. Also geht er zu Lehrmeistern, zu Yogis, zu Gurus, zu Philosophen. Er sucht überall nach einer Antwort, und das ist vermutlich der Grund, warum Sie hier sind, weil wir uns aus der Falle befreien wollen, in der wir festsitzen, ohne daß wir uns klarmachen, daß wir als Menschen diese Falle geschaffen haben – wir selbst haben sie geschaffen und niemand sonst. Die Gesellschaft, in der wir leben, resultiert aus dem Zustand unserer Psyche. Wir *sind* die Gesellschaft, wir sind die Welt, sie unterscheidet sich nicht von uns. So wie wir selbst sind, haben wir die Welt gemacht, weil wir konfus sind, weil wir ehrgeizig, weil wir gierig sind, nach Macht, Position, Prestige streben. Wir sind aggressiv, brutal, konkurrenzbetont, und wir errichten eine Gesellschaft, die gleichermaßen konkurrenzbetont, brutal und gewalttätig ist. Mir scheint, daß wir zuerst die Pflicht haben, uns selbst zu verstehen, denn *wir sind* die Welt. Dies ist kein egoistischer, beschränkter Gesichtspunkt, wie Sie sehen werden, wenn wir uns mit diesen Problemen näher befassen.

Wo liegt das Problem, wenn wir die tatsächliche Welt um uns und in uns betrachten? Ist es ein ökonomisches Problem, ein rassisches Problem, Schwarz gegen Weiß, Kommunisten gegen Kapitalisten, eine Religion gegen eine andere, ist dies das Problem? Oder handelt es sich um ein viel tieferes Problem, führt es weiter, ist es ein psychisches Problem? Sicher ist es nicht bloß ein äußerliches, sondern vielmehr ein innerliches Problem.

Wie gesagt, der Mensch ist von Natur aus aggressiv, brutal, konkurrenzbetont, dominierend. Sie können das in Ihrem Inneren wahrnehmen, wenn Sie sich selbst beobachten. Ich möchte Ihnen nahe-

legen, daß das, was wir an diesem Abend und während der drei nächsten Abende besprechen wollen, keine Reihe von Gedanken ist, denen Sie zuhören. Was der Sprecher vorzubringen hat, ist eine psychische Tatsache, die Sie an sich selbst beobachten können. Wenn Sie daher wollen, benützen Sie den Sprecher dazu, sich selbst zu beobachten. Benützen Sie den Sprecher als Spiegel, in dem Sie sich selbst ohne Verzerrung sehen und dadurch erfahren, was Sie wirklich sind.

Es ist also wichtig, daß man sich selber kennenlernt, nicht nach den Vorgaben irgendeines Sachverständigen, sondern indem Sie sich wirklich beobachten. Und da entdecken Sie dann, daß Sie die Welt sind: der Haß, der Nationalist, der religiöse Separatist, der Mensch, der an bestimmte Dinge glaubt, an andere nicht, der Mensch, der Angst hat und so fort. Wenn wir das Problem beobachten, lernen wir uns dabei selbst kennen. Was ist das Problem, dem jeder einzelne von uns gegenübersteht? Ist es ein separates, besonderes Problem, ein ökonomisches oder rassisches Problem oder handelt es sich um das Problem einer bestimmten Angst oder Neurose, um den Glauben oder Unglauben an Gott, oder um die Zugehörigkeit zu einer bestimmten Sekte – sei es eine religiöse, politische oder welche auch immer? Schauen Sie das Problem des Lebens als ein Ganzes an oder greifen Sie ein besonderes Problem heraus und widmen diesem Ihr ganzes Leben, Ihre ganze Energie und all Ihr Denken? Nehmen wir das Leben als ein Ganzes? Zum Leben gehört unsere Konditionierung, die auf wirtschaftlichen Zwängen, religiösen Glaubensformen und Dogmen, auf nationalen Spaltungen und Rassenvorurteilen beruht. Das Leben ist diese Angst, diese Sorge, diese Ungewißtheit, diese Qual, diese Mühsal. Aber das Leben beinhaltet auch Liebe, Vergnügen, Sex, Tod und die Frage, die der Mensch seit urdenklichen Zeiten gestellt hat, welche lautet: Gibt es eine Wirklichkeit, ein Etwas »jenseits der Berge«, etwas, das man durch Meditation finden kann? Der Mensch hat diese Fragen schon immer gestellt, und wir können sie nicht einfach als irrelevant abtun, weil wir uns nur um das Leben von einem Tag zum anderen kümmern. Wir wollen wissen, ob es etwas Ewiges gibt, eine zeitlose Wirklichkeit. All dies ist das Problem; es gibt kein gesondertes Problem. Wenn Sie das feststellen, dann erkennen Sie, daß alle Probleme miteinander in Zusammen-

hang stehen. Wenn Sie ein Problem vollständig erfassen, dann haben Sie alle Probleme verstanden.

Wenn wir diese Landkarte des Lebens betrachten, dann ist eines der Hauptprobleme für uns Menschen die Angst. Keine besondere Angst, sondern die *Angst* schlechthin: die Angst vor dem Leben, die Angst vor dem Sterben, die Angst, nicht zu genügen, zu versagen, die Angst davor, beherrscht oder unterdrückt zu werden, die Angst vor der Ungewißheit, vor dem Tod, vor der Einsamkeit, die Angst, nicht geliebt zu werden. Wo Angst ist, herrscht Aggression. Wenn man Angst hat, wird man sehr aktiv, nicht nur, um vor der Angst zu fliehen, sondern diese Angst bewirkt eine aggressive Betriebsamkeit. Sie können das, wenn Sie wollen, an sich selbst beobachten. Die Angst ist eines der Hauptprobleme im Leben. Wie kann es gelöst werden? Kann der Mensch sich für immer von der Angst befreien, nicht nur auf der bewußten Ebene, sondern auch in den verborgenen, geheimen Schichten des Bewußtseins? Kann diese Angst durch Analyse gelöst werden? Kann diese Angst durch Flucht beseitigt werden? Es stellt sich daher die Frage: Wie kann ein Bewußtsein, das Angst vor dem Leben, Angst vor der Vergangenheit, vor der Gegenwart, vor der Zukunft hat, wie kann ein solches Bewußtsein vollkommen frei sein von Angst? Wird es allmählich, nach und nach, frei – wird es Zeit brauchen? Und wenn Sie sich Zeit nehmen – viele Tage, viele Jahre –, werden Sie dabei alt werden, und die Angst wird immer noch da sein.

Wie kann das Bewußtsein also frei sein von Angst, nicht nur von physischer Angst, sondern auch von der Struktur der Angst in der Psyche, von den psychischen Ängsten? Verstehen Sie meine Frage? Kann Angst vollständig aufgelöst werden, augenblicklich verschwinden oder muß Angst allmählich verstanden und nach und nach aufgelöst werden? Das ist die erste Frage. Kann das Bewußtsein, das konditioniert wurde zu denken, es könne die Angst allmählich auflösen, indem es sich Zeit nimmt, durch Analyse, durch Innenschau, allmählich frei werden von Angst? Das wäre der herkömmliche Weg. Das ist wie bei jenen Leuten, die, während sie Gewalt ausüben, die Ideologie der Gewaltlosigkeit pflegen. Sie sagen: »Wir werden allmählich in einen Zustand der Gewaltlosigkeit gelangen, in dem das Bewußtsein überhaupt nicht mehr gewalttätig ist.« Das wird Zeit erfordern, vielleicht zehn Jahre, vielleicht ein

ganzes Leben, und in der Zwischenzeit sind Sie gewalttätig und säen die Saat der Gewalt. Es muß also einen Weg geben – bitte, hören Sie gut zu –, es muß einen Weg geben, die Gewalttätigkeit sofort vollständig zu beenden; nicht mit der Zeit, nicht durch Analyse, sonst sind wir als Menschen dazu verdammt, für den Rest unseres Lebens gewalttätig zu sein. Kann Angst auf die gleiche Weise vollständig aufgehoben werden? Kann das Bewußtsein gänzlich von der Angst befreit werden? Nicht am Ende des Lebens, sondern jetzt?

Ich weiß nicht, ob Sie sich eine solche Frage je gestellt haben. Wenn ja, haben Sie vermutlich gesagt: »Es geht nicht« oder »Ich weiß nicht wie«. Und so leben Sie mit der Angst, Sie leben mit der Gewalt und kultivieren entweder Mut oder Widerstand oder Verdrängung oder Ausflüchte, oder Sie folgen einer Ideologie der Gewaltlosigkeit. Alle Ideologien sind töricht, denn wenn Sie einer Ideologie, einem Ideal folgen, fliehen Sie vor dem, »was ist«, und wenn Sie flüchten, können Sie unmöglich verstehen, »was ist«. Der erste Schritt zum Verständnis der Angst ist daher, *nicht* zu fliehen, und das ist eines der schwersten Dinge. Nicht den Versuch zu machen, durch Analyse zu flüchten, die Zeit braucht, oder durch Alkohol oder den Besuch einer Kirche oder diverse andere Aktivitäten. Es ist ein und dasselbe, ob die Flucht durch Alkohol, durch eine Droge, durch Sex oder durch Gott erfolgt. Kann man also aufhören zu flüchten? Das ist das erste Problem, wenn man dabei ist, die Angst zu verstehen, sie aufzulösen und sich vollkommen von ihr zu befreien.

Wissen Sie, für die meisten von uns ist Freiheit etwas, das wir gar nicht wollen. Wir möchten uns von etwas Bestimmtem befreien, von den unmittelbaren Zwängen oder von unmittelbaren Anforderungen, aber Freiheit ist etwas völlig anderes; Freiheit ist nicht Freizügigkeit, nicht tun, was einem beliebt, sondern Freiheit erfordert eine ungeheure Disziplin, nicht diejenige des Soldaten, noch die Disziplin der Verdrängung oder Konformität. Das Wort »Disziplin« heißt »lernen«; die Wurzelbedeutung dieses Wortes ist »lernen«. Und um etwas zu lernen – was, spielt keine Rolle –, braucht man Disziplin, denn das Lernen selbst ist Disziplin; aber nicht so, daß man sich zuerst diszipliniert und dann lernt. Der Akt des Lernens selbst *ist* Disziplin, und daraus erwächst Freiheit von jeglicher Verdrängung, von aller Nachahmung. Sind Sie also imstande, sich freizumachen von der Angst, aus der die Gewalt entspringt, aus der alle

diese Spaltungen entstehen, religiöse, nationale, »meine Familie«, »deine Familie«?
Angst, wenn man sie kennt, ist etwas Schreckliches. Sie verdunkelt alles, es gibt keine Klarheit, und ein Bewußtsein, das Angst hat, kann nicht sehen, was das Leben ist, was die wirklichen Probleme sind. Also scheint mir, daß wir uns als erstes fragen müssen, ob man wirklich frei sein kann von Angst, sowohl physisch als auch innerlich. Wenn man einer physischen Gefahr begegnet, reagiert man, und das ist Intelligenz; das ist nicht Angst, denn sonst würde man sich zerstören. Aber wo psychische Ängste vorhanden sind – die Angst vor dem Morgen, die Angst vor dem, was man getan hat, die Angst vor der Gegenwart –, ist die Intelligenz außer Kraft. Wenn man das psychologisch, innerlich untersucht, kommt man dahinter, daß unsere gesamte Sozialstruktur auf dem Lustprinzip beruht, weil die meisten von uns nach Lust streben, und wo das Streben nach Lust herrscht, gibt es Angst. Angst geht mit Lust Hand in Hand. Das ist ziemlich offenkundig, wenn Sie näher hinsehen.
Wie kann das Bewußtsein so vollständig frei von Angst sein, daß es alles sehr klar sieht? Wir wollen herausfinden, ob das Bewußtsein in der Lage ist, sich ganz und gar von der Angst zu befreien. Verstehen Sie die Frage? Wir haben Angst akzeptiert und mit ihr gelebt, so wie wir Gewalt und Krieg als Lebensweise akzeptiert haben. Wir haben Abertausende von Kriegen geführt und unentwegt vom Frieden geredet; aber die Art und Weise, wie wir unser *tägliches* Leben leben, ist Krieg, ist ein Schlachtfeld, ein Konflikt. Und wir nehmen das als unvermeidlich hin. Wir haben uns nie gefragt, ob wir imstande wären, ein Leben des vollkommenen Friedens zu führen, das heißt ohne Konflikt irgendwelcher Art. Es gibt Konflikt, weil wir im Inneren voller Widerspruch sind. Das ist ziemlich einfach. Wir haben in unserem Inneren verschiedene widersprüchliche Wünsche, sich widersprechende Bedürfnisse, und dies verursacht Konflikte. Wir haben all diese Dinge als unvermeidlich in Kauf genommen, als Teil unseres Daseins; wir haben sie nie in Frage gestellt.
Man muß sich von allem Glauben, das heißt von aller Angst befreien, um herauszufinden, ob es so etwas wie Wirklichkeit, einen zeitlosen Zustand gibt. Um das herauszufinden, bedarf es der Freiheit, der Freiheit von Angst, von Gier, Neid, Ehrgeiz, Konkurrenzkampf, Brutalität; nur dann ist das Bewußtsein klar, ohne jegliche

Komplikation, ohne jeden Konflikt. Nur ein solcher Geist ist still, und nur der stille Geist kann herausfinden, ob es das Ewige, das Namenlose gibt. Aber Sie können diese Stille nicht durch irgendeine Übung oder Disziplin erreichen. Diese Stille kommt nur, wenn Freiheit da ist – Freiheit von all diesen Sorgen, von Angst, Brutalität, Gewalt, Eifersucht. Kann der Geist also frei sein – nicht im Lauf der Zeit, nicht in zehn oder fünfzig Jahren, sondern sofort?

Ich würde gern wissen, welches Ihre Antwort wäre, wenn Sie sich diese Frage stellten. Ob Sie sagen würden, daß es möglich sei oder nicht? Wenn Sie es für unmöglich erklären, dann haben Sie sich selbst blockiert, dann können Sie nicht weiterkommen; und wenn Sie sagen, es sei möglich, dann birgt auch dies eine Gefahr in sich. Sie können das Mögliche nur einer Prüfung unterziehen, wenn Sie wissen, was das Unmögliche ist – nicht wahr? Wir stellen uns eine ungeheuerliche Frage, welche lautet: »Ist ein Bewußtsein, das jahrhundertelang politisch, ökonomisch, klimatisch, durch die Kirche, durch verschiedene Einflüsse konditioniert wurde, ist ein solches Bewußtsein einer sofortigen Wandlung fähig?« Oder braucht es Zeit, endlose Tage der Analyse, des Erkundens, Erforschens und Suchens? Es gehört zu unserer Konditionierung, daß wir die Zeit hinnehmen, ein Intervall, in dem eine Revolution, eine Mutation stattfinden kann. Wir müssen uns vollkommen wandeln, *das* ist die größte Revolution – nicht Bomben werfen und uns gegenseitig umbringen. Die größte Revolution wäre die, in der das Bewußtsein sich augenblicklich transformiert und morgen ein völlig anderes wäre. Vielleicht sagen Sie, daß so etwas nicht möglich sei. Wenn Sie sich der Frage ohne Ausflucht stellen und zu dem Punkt gekommen sind, wo Sie sagen, daß es unmöglich ist, dann werden Sie erkennen, was möglich ist; aber Sie können diese Frage »Was ist möglich?« nicht stellen, ohne zu verstehen, was unmöglich ist. Verstehen wir uns?

Wir stellen also die Frage, ob ein Bewußtsein, das Angst hat, das konditioniert wurde, gewalttätig und aggressiv zu sein, sich augenblicklich transformieren kann. Und Sie können diese Frage nur stellen (bitte, folgen Sie mir darin ein wenig), wenn Sie die Unmöglichkeit und Nutzlosigkeit der Analyse verstehen. Analyse setzt einen Analysierenden voraus, denjenigen, der analysiert, sei es ein professioneller Analytiker, sei es, daß Sie sich selbst analysieren. Wenn Sie sich selbst analysieren, sind verschiedene Dinge mit im Spiel.

Erstens, unterscheidet der Analysierende sich von dem, was er analysiert? Ist er ein anderer? Wenn Sie beobachten, ist der Analysierende offensichtlich das Analysierte. Zwischen dem Analysierenden und dem, was er analysieren will, besteht kein Unterschied. Aber wir begreifen dies nicht und beginnen daher zu analysieren. Ich sage: »Ich bin zornig, ich bin eifersüchtig« und beginne zu analysieren, warum ich eifersüchtig bin, was die Gründe dieser Eifersucht, Wut und Brutalität sind; aber der Analysierende ist Teil dessen, was er analysiert. Der Beobachter ist das Beobachtete, und wenn man das begreift, wenn man die Sinnlosigkeit einsieht, wird man nie wieder analysieren. Es ist sehr wichtig, daß man das versteht, wirklich diese Wahrheit begreift – nicht verbal: Verbales Verstehen ist überhaupt kein Verstehen, es ist so, als ob man eine Menge Worte hört und sagt: »Ja, ich verstehe die Worte.« Wirklich einzusehen, daß der Analysierende, der Beobachter das Beobachtete ist, ist eine ungeheure Tatsache, eine ungeheure Wirklichkeit; darin gibt es keine Teilung zwischen dem Analysierenden und dem Analysierten und daher keinen Konflikt. Einen Konflikt gibt es nur dann, wenn der Analysierende sich von dem, was er analysiert, unterscheidet; in dieser Teilung liegt Konflikt. Können Sie dem folgen?

Unser Leben ist ein Konflikt, ein Schlachtfeld, aber ein Bewußtsein, das frei ist, kennt keinen Konflikt, und von Konflikt frei zu sein bedeutet, die Tatsache des Beobachters, des Analysierenden, des Denkers zu beobachten. Es ist Angst da, und der Beobachter sagt: »Ich habe Angst« – bitte, folgen Sie ein Stück weit, und Sie werden die Schönheit darin erkennen –, es liegt also eine Spaltung zwischen dem Beobachter und dem Beobachteten vor. Dann agiert der Beobachter und sagt: »Ich muß mich von diesem unterscheiden«, »Die Angst muß ein Ende haben«, er sucht die Ursache der Angst und so fort; aber der Beobachter *ist* das Beobachtete, der Analysierende *ist* das Analysierte. Wenn er das auf non-verbale Weise begreift, dann wandelt sich die Tatsache der Angst vollständig.

Liebe Zuhörer, sehen Sie, daran ist nichts Mysteriöses. Sie haben Angst, Sie sind gewalttätig, Sie dominieren, oder Sie werden dominiert. Nehmen wir etwas viel Einfacheres. Sie sind eifersüchtig, neidisch. Unterscheidet sich der Beobachter von dem Gefühl, das er Eifersucht nennt? Wenn er sich davon unterscheidet, kann er etwas

gegen die Eifersucht tun, und diese Handlung wird zu einem Konflikt. Wenn das Wesen, das Eifersucht empfindet, dasselbe ist wie die Eifersucht, was kann er dann tun? Ich bin eifersüchtig; solange die Eifersucht etwas anderes ist als »ich«, befinde ich mich in einem Zustand des Konflikts, aber wenn *ich* die Eifersucht bin, wenn sie sich von mir nicht unterscheidet, was soll ich dann tun? Ich akzeptiere es nicht, ich sage: »Ich bin eifersüchtig.« Das ist eine Tatsache. Ich weiche ihr nicht aus, ich laufe vor ihr nicht davon, ich versuche nicht, sie zu verdrängen. Was immer ich tue, ist immer noch eine Form von Eifersucht. Was geschieht also? Nicht-Handeln ist vollständiges Handeln. Nicht-Handeln im Hinblick auf die Eifersucht seitens des Beobachters als das Beobachtete ist das Aufhören von Eifersucht. Verstehen Sie das? Sind wir in Verbindung miteinander?

Publikum: Ja.

[K]: Nur langsam, sagen sie nicht »Ja«. Das ist sehr schwer. *(Gelächter)* Denn wenn Sie das wirklich verstehen, sind Sie frei von Eifersucht, Sie werden nie wieder eifersüchtig sein. Deshalb ist es sehr wichtig, daß wir diesen ganzen Konflikt, diesen sich innerlich abspielenden Kampf, der sich äußerlich als Gewalt äußert, verstehen. Kann das Bewußtsein also völlig frei sein von Neid, der zugleich Eifersucht ist? Es kann sich nur dann befreien, wenn es erkennt, daß der Beobachter das Beobachtete ist, und daher gibt es keine Aufspaltung. Verstehen Sie? Sehen Sie, Herrschaften, es herrscht Konflikt in sogenannten Beziehungen, zwischen Menschen, zwischen Nachbarn und so fort, Beziehungen, wie sie jetzt sind, sind Konflikt – nicht wahr? Ich meine, dies liegt wohl auf der Hand. Unsere Beziehungen untereinander, zwischen Menschen auf der ganzen Welt, beruhen auf einem Bild, das wir uns von uns selbst oder von anderen machen. Der Ehemann macht sich ein Bild von seiner Frau, und die Frau macht sich ein Bild von ihrem Mann – ein Bild der Lust, des Schmerzes, der Beleidigung, des Nörgelns, der Dominierung, der Eifersucht, der Gereiztheit, was immer es sei. Allmählich ist im Verlauf vieler Jahre ein Bild von der Frau oder dem Mann errichtet worden. Die beiden Bilder haben eine Beziehung zueinander. Beziehung heißt wirklicher Kontakt. Eine Beziehung zu haben heißt, mit etwas in Berührung zu sein, aber Sie können keine Beziehung zu jemandem haben, wenn Sie ein Bild von ihm haben – das ist offen-

sichtlich. Ist es daher möglich, ohne ein solches Bild zu leben und trotzdem in Beziehung zueinander zu stehen? Eine Beziehung bringt Konflikte mit sich, weil wir *nicht* in Beziehung sind; unsere Beziehung spielt sich zwischen den Bildern ab. Kann der Geist davon frei sein, sich irgendwelche Bilder zu schaffen? Verstehen Sie die Frage?

Ich möchte Ihnen zeigen, wie das möglich ist. Nehmen Sie es nicht verbal hin, sondern tun Sie es, und dann werden Sie sehen, was Beziehung eigentlich bedeutet. In Beziehung zueinander zu stehen ist etwas Außerordentliches. In einem solchen Fall gibt es keinen Schmerz, keinen Konflikt. Was ist das für eine Maschinerie, die diese Bilder produziert, Bilder vom Präsidenten oder von Ihrer Frau, Ihrem Nachbarn, von Gott oder was auch immer? Was sind die Struktur und das Wesen jenes Bildes, das wir uns von uns selbst oder einem anderen machen? Wenn ich verheiratet wäre – was nicht der Fall ist –, würde ich mir ein Bild von meiner Frau machen: Was sie gesagt hat, was sie getan hat, die Lust, die sie mir sexuell oder auf andere Weise bereitet hat, die Ängste, das Dominieren, das Nörgeln, all das. Allmählich, Tag für Tag, habe ich mir ein Bild von ihr zurechtgelegt, und sie hat sich ein Bild von mir gemacht. Das ist eine Tatsache, keine Vermutung, und jetzt frage ich mich, wie ich mich von diesen Bildern befreien kann. Sie können sich von dem Bild nur dann befreien, wenn Sie sich dessen, was gesagt wird – sei es aus Zorn, aus Eifersucht, aus Gereiztheit, Schmeichelei oder als Beleidigung –, in dem Augenblick, wenn es gesagt wird, vollkommen bewußt sind, so daß Sie, wenn Ihnen eine Schmeichelei oder eine Beleidigung gesagt wird, die Wahrheit dieser Aussage erkennen und sich dadurch von ihr befreien. Das bedeutet, daß der Geist ganz aufmerksam sein muß, damit er diese bestimmte Erfahrung des Vergnügens oder des Schmerzes, die das Bild errichtet, nicht zurückbehält; das heißt aufmerksam sein in dem Augenblick, wenn die Frau oder der Ehemann etwas Angenehmes oder Unangenehmes sagt. Diese Aufmerksamkeit, diese Bewußtheit, ohne zu wählen, verleiht die Freiheit zu schauen, die Wahrheit oder Unwahrheit des Gesagten zu erkennen; dann bewahrt das Bewußtsein dieses nicht mehr als Erinnerung auf. Ich weiß nicht, ob Sie das je versucht haben – vermutlich nicht. Der Geist wird außerordentlich aktiv, wach, sensibel; dann gewinnen Beziehungen, die wirklich ein Hauptproblem

des Lebens darstellen, eine ganz andere Bedeutung. Dann sind Beziehungen die Schönheit der Liebe ohne vorgefaßtes Bild. Man kann noch so oft sagen: »Ich liebe dich«, doch die Liebe ist nicht da. Liebe ist etwas gänzlich anderes, Liebe ist nicht Lust, Liebe ist nicht Begehren. Um die Liebe zu verstehen, muß man die Lust verstehen, und Lust geht Hand in Hand mit Angst, mit Schmerz – man kann das eine nicht ohne das andere haben.

Das sind also unsere Probleme. Dies sind die Probleme eines jeden Menschen, ob er in einer Wohlstands- oder einer primitiven Gesellschaft lebt. Der Mensch leidet, der Mensch ist sorgengeplagt, und unser Problem, unsere Frage lautet: Kann der Geist sich restlos, vollkommen verändern und dadurch eine tiefe psychische Revolution herbeiführen – die *einzige* Revolution? Eine solche Revolution kann eine andere Gesellschaft, eine andere Beziehung, eine andere Lebensweise hervorrufen.

Möchten Sie jetzt irgendwelche Fragen stellen? Sie wissen, daß es zu den schwierigsten Dingen gehört, Fragen zu stellen. Wir haben tausend Fragen, die wir stellen müssen; wir müssen alles in Frage stellen. Wir dürfen nichts befolgen oder annehmen; wir müssen selbst erkennen, wir müssen selbst und nicht durch einen anderen die Wahrheit sehen. Und um diese Wahrheit zu erkennen, muß man vollkommen frei sein. Man muß die richtige Frage stellen, um die richtige Antwort zu erhalten, denn wenn Sie die falschen Fragen stellen, werden Sie unweigerlich die falschen Antworten bekommen. Die richtige Frage zu stellen, gehört daher zu den schwersten Dingen – was nicht heißen soll, daß der Sprecher Sie davon abhalten will, Fragen zu stellen. Sie müssen eine Frage in der Tiefe, mit großer Ernsthaftigkeit stellen, denn das Leben ist etwas furchtbar Ernstes. Eine solche Frage zu stellen bedeutet, daß Sie Ihr Bewußtsein bereits erforscht haben und schon ganz tief nach innen gegangen sind. Es kann also nur das intelligente Bewußtsein, das sich selbst kennt, die rechte Frage stellen, und in der Frage selbst liegt die Antwort. Bitte, lachen Sie nicht. Das ist sehr ernst, weil Sie immer nach einem anderen Ausschau halten, der Ihnen sagt, was Sie tun sollen. Wir wollen immer unsere Lampe am Licht eines anderen entzünden. Wir sind uns nie selbst ein Licht: Um uns selbst ein Licht zu sein, müssen wir uns von jeder Überlieferung, jeder Autorität, einschließlich der des Redners, befreien, damit unser eigenes Bewußt-

sein schauen, beobachten und lernen kann. Lernen ist etwas sehr Schwieriges. Eine Frage zu stellen, ist ziemlich einfach, aber die richtige Frage zu stellen und die richtige Antwort zu bekommen, das ist etwas ganz anderes.

Also, was ist Ihre Frage? *(Gelächter)*

[F]: Ich bin heute abend mit einer vorbereiteten Frage hergekommen, die ich im Lauf Ihrer Rede fallen ließ, weil mir das, was Sie sagen wollten, einzuleuchten begann. Ich wollte Sie etwas über Gandhi fragen. Ich wollte Sie nach Ihrer Meinung fragen, aber jetzt habe ich eine andere Frage.

[F]: Für manche Hörer wird das vielleicht schwer sein...

[K]: Fragen Sie, was Sie wollen, Sir.

[F]: Als vorhin der Lautsprecher nicht funktionierte und die Leute in den hinteren Reihen Sie nicht verstehen konnten, hatte ich gedacht, daß ein Mann mit Ihrer Erfahrung wüßte, was man in einer solchen Lage macht. Ich habe mich gefragt, ob Sie selbst noch einen Rest von Angst empfinden?

[K]: Er fragt, ob ich Angst hatte, als die Lautsprecher nicht funktionierten? Warum sollte ich Angst haben? Es war eine technische Störung, und warum sollte ich um mich besorgt sein? Nein, ich fürchte, ich hatte keine Angst. *(Gelächter)* Sehen Sie, Sir, der Herr fragte: »Haben Sie eine Meinung über Gandhi?« oder über XYZ? Nur Narren äußern Meinungen. Warum sollte ich eine Meinung über einen anderen haben? Das ist eine solche Verschwendung von Zeit und Energie. Warum soll man sein Gehirn, sein Bewußtsein mit Meinungen, Urteilen, Schlußfolgerungen vollstopfen? Sie verhindern Klarheit, und diese Klarheit ist unmöglich, wenn das Bewußtsein mit einer Schlußfolgerung beobachtet.

[F]: Unser Bewußtsein ist rein, unser Bewußtsein ist nicht im Denken verstrickt, wenn es nur wahrnimmt. Es empfindet innerlich, was vor sich geht, es empfindet Angst oder auch nicht, in einem anderen Menschen, im Inneren des Menschen, ohne darüber nachzudenken, was er tut und was vor sich geht.

[K]: Der Fragende sagt – wenn ich recht verstanden habe – »Was ist der Geist, was ist dieser verstehende Geist?« Ist es das Denken, das versteht? War das Ihre Frage, Sir?

[F]: Ja.

[K]: Wir werden es untersuchen, Sie werden sehen. Wenn jemand

sagt, daß er etwas versteht, was ist das für ein Bewußtseinszustand, der sagt: »Ich verstehe«? Das Wort »verstehen« kann auf zweierlei Weise gebraucht werden. Entweder verstehe ich verbal, was Sie sagen, das heißt, ich höre die Worte und verstehe ihren Sinn, weil wir beide Englisch sprechen, weil wir bestimmte Worte gebrauchen, die einen bestimmten Sinn haben, und wir sagen, daß wir diese Worte verstehen. Wenn wirklich Verstehen stattfindet – nämlich ein Handeln mit Gefühl –, ist Aufmerksamkeit vorhanden, alles ist mit beteiligt, wenn man sagt: »Ich habe etwas sehr klar verstanden.« Was ist das für ein Bewußtseinszustand, der sagt: »Ich habe verstanden«?

[F]: Totale Bewußtheit.

[K]: Sehen Sie doch noch etwas genauer hin. Ist kein Bewußtsein, kein Verständnis vorhanden, wenn der Geist keine Schlüsse zieht, keine Meinung hat, sondern wenn er aufmerksam zuhört und dann sagt: »Ich habe verstanden«? Wir fragen: Was ist das für ein Geisteszustand, der erklärt: »Ich habe verstanden« und deshalb sofort handelt. Sicher ist ein solcher Geisteszustand vollkommene Stille, in der es keine Meinung, kein Urteil, keine Bewertung gibt. Er hört wirklich aus der Stille heraus zu. Erst dann verstehen wir etwas, woran das Denken überhaupt nicht beteiligt ist. Wir wollen uns jetzt nicht damit befassen, was das Denken, der ganze Denkprozeß ist; dies würde sehr viel Zeit in Anspruch nehmen, und dazu haben wir hier nicht die Gelegenheit. Wenn wir über Verständnis sprechen, findet es sicherlich nur dann statt, wenn der Geist vollkommen zuhört – wobei der Geist Ihr Herz, Ihre Nerven, Ihre Ohren ist –, wenn Sie mit Ihrer ganzen Aufmerksamkeit dabei sind. Ich weiß nicht, ob Sie je beobachtet haben, daß immer dann, wenn Sie einer Sache Ihre ganze Aufmerksamkeit zuwenden, vollkommene Stille herrscht. Und in dieser Aufmerksamkeit gibt es keine Grenze, keine Mitte, kein »Ich«, das bewußt oder aufmerksam ist. Diese Aufmerksamkeit, diese Stille ist ein Zustand der Meditation. Wir können nicht darauf eingehen, was dieses Wort beinhaltet und wie man dahin gelangt, aber wir werden darauf zurückkommen, wenn wir während der nächsten Abende Zeit haben.

Wenn Sie also jemandem vollständig aufmerksam zuhören, dann hören Sie nicht nur die Worte, sondern auch das Gefühl des Mitgeteilten, das Gesamte, nicht einen Bruchteil.

[F]: Ich finde gewisse, sehr ernste Widersprüche in dem, was Sie

gesagt haben. Ich glaube, Sie sagten, daß nur Narren Meinungen abgeben, daß dies dumm sei.

[K]: Der Herr sagt, daß ich Meinungen, Bewertungen vortrage, die dem widersprechen, was ich sage. Habe ich eine Meinung, eine Schlußfolgerung, ein Urteil abgegeben? Ich habe nur gesagt: Sehen Sie die Tatsachen an. Das ist nicht meine Tatsache oder Ihre Tatsache, sondern die Tatsache, daß der Mensch gewalttätig ist. Das ist keine Meinung, das ist eine Tatsache. Der Mensch ist ein angstvolles Tier, das ist eine Tatsache. Der Mensch ist eifersüchtig, der Mensch lebt im Konflikt, sein Leben ist ein Schlachtfeld und so fort. Dies sind keine Meinungen, keine Urteile, sondern das spielt sich wirklich im Inneren eines jeden von uns ab. Wie man das umsetzt, wie man damit umgeht und ob man dabei bestimmte Vorurteile und Schlußfolgerungen ins Spiel bringt, das heißt Meinungen abgeben. Aber uns geht es ausschließlich um Tatsachen.

[F]: Ich habe eine Frage, die ich stellen muß. Was ist die Grundlage des Lernens, die Sie als schwierig bezeichnen? Man steht einer bestimmten schwierigen Aufgabe gegenüber. Was ist die Grundlage des Handelns, wenn Sie Willen und Glauben ausschalten? Wie hält man durch?

[K]: Ich glaube, ich habe Sie verstanden. Die Frage lautet: »Was ist Lernen?« Ist Lernen etwas anderes als Handeln? Ist das richtig, Sir?

[F]: Nein. Meine Frage lautet: Warum wählen Sie das Leben oder den Tod? Es ist eine Frage von Leben und Tod, wenn man sich darauf einläßt. Wo finden Sie in Ihrem Inneren die Kraftquelle, um etwas Bestimmtes auszuführen, das Sie am Leben erhält?

[K]: Ich verstehe. Woher nehmen Sie die Energie – ich sage es mit anderen Worten –, woher nehmen Sie die Energie, um richtig zu leben? Stimmt das?

[F]: Ja. Man braucht etwas nicht zu wollen, es kommt von allein, wenn man es mit ungeteiltem Selbst tut.

[K]: Das ist richtig.

[F]: (unhörbar)

[K]: Ich verstehe. Genau so ist es. Wie kann man ohne Willen leben – stimmt's? –, ohne Widerspruch, ohne Gegensätze? Wie kann man überhaupt ohne Konflikt leben und gleichzeitig handeln?

[F]: Ja, man hat die Wahl zu sterben.

[K]: Sie haben nicht die Wahl zu sterben, Sie müssen leben, aber –

[F]: Die Frage ist nur, wie?

[K]: Warten Sie, Sir. Die Frage lautet: »Welche Methode, welches System kann ich mir zulegen, aktiv zu leben, in einem Zustand ständigen Lernens?« Ist das die Frage?

Zunächst einmal, was verstehen wir unter lernen? Ich biete keine Meinung an, ich betrachte die Tatsache. Ist Lernen ein Prozeß der Anhäufung von Wissen? Aus diesem Wissen handle ich; das heißt, ich habe Erfahrungen, Erinnerungen angesammelt, und aufgrund dessen handle ich. Oder ist Lernen ein ständiger Prozeß, ohne daß sich etwas ansammelt, und ist deshalb Lernen Handeln? Nur langsam. Wir werden das genauer untersuchen. Es ist nicht so, daß ich zuerst lerne und dann entsprechend dem Gelernten handle, sondern Lernen ist Handeln; das Lernen ist vom Handeln nicht zu trennen. Man lernt etwas über die Angst oder darüber, was zu tun ist, wie man leben soll. Aber wenn Sie ein System haben, das Ihnen sagt, wie Sie leben sollen, oder eine Methode, die besagt: »Lebe auf diese Weise«, dann passen Sie sich der Methode an, die ein anderer vorgegeben hat. Deshalb lernen Sie nicht, Sie passen sich einem Verhaltensmuster an und handeln entsprechend, und das ist überhaupt kein Handeln, sondern pure Nachahmung. Wenn Sie also lernen, welches die Auswirkungen von Methoden oder Systemen sind, dann werden Sie Methoden und Systeme beiseite lassen, dann lernen Sie etwas über Ihr Tun, und etwas über das Leben zu lernen ist das Leben selbst – nicht wahr? Habe ich mich klar ausgedrückt? Leben, Lernen und Handeln sind nicht drei verschiedene Dinge, sie sind untrennbar.

[F]: Ich habe nicht verstanden, warum es einem schadet, zu analysieren. Das ist ein schwieriger Punkt.

[K]: Sind Sie noch nicht müde nach anderthalb Stunden?

[F]: Überhaupt nicht.

[K]: Überhaupt nicht? Warum nicht? *(Gelächter)* Warten Sie einen Augenblick. Warum nicht? Wenn Sie aufmerksam zugehört hätten – ich kritisiere Sie nicht –, wären Sie müde, oder nicht?

[F]: Das glaube ich nicht.

[K]: Der Sprecher hat gearbeitet, und wenn Sie mit ihm Schritt halten wollen, müssen Sie auch arbeiten. Es geht nicht darum, daß »er

redet« und »Sie hören zu«, sondern wir gehen zusammen auf die Reise, wir lernen etwas über uns selbst, über die Welt, über das, was in Beziehung zur Welt geschieht. Und wer über all diese Dinge etwas erfährt, dessen Geist muß doch wahrlich müde sein nach der Arbeit eines langen Tages, an dem Sie hier gesessen haben. Sie *müssen* müde sein! Aber es macht nichts, ich werde auf diese Frage eingehen, und dann machen wir Schluß.

Der Sprecher sagte, daß der Prozeß der Analyse verschiedene Dinge voraussetzt – zum Beispiel Zeit. Das Analysieren setzt offensichtlich voraus, daß man Tage um Tage damit zubringt. Zweitens muß der Analysierende ungemein sorgfältig vorgehen, sonst wird er Fehler machen. Um richtig zu analysieren, muß er frei sein von Vorurteilen, von Schlußfolgerungen, von Angst. Wenn in dem Prozeß irgend etwas verzerrt wird, wird diese Analyse nur weitere Einschränkungen mit sich bringen. Wir haben außerdem erklärt, daß der Analysierende sich von dem, was er analysiert, nicht unterscheidet. Wenn Sie all dies, nicht nur einen Teil, verstehen – die Zeit, den Analyseprozeß, die Entscheidungen, die Schlußfolgerungen, die Sie daran hindern, mit einer klaren Analyse fortzufahren, und wenn Sie sehen, daß der Analysierende das Analysierte ist – wenn Sie die Gesamtheit all dessen begreifen, werden Sie nie mehr analysieren. Wenn Sie nicht analysieren, dann sehen Sie die Dinge unmittelbar, weil das Problem sehr dicht, dringlich wird. Das ist wie ein Mensch, der die Gewaltlosigkeit zu seiner Ideologie gemacht hat und sich deshalb damit beschäftigt, wie er gewaltlos werden könne, aber nicht damit, wie er sich *jetzt* von aller Gewalttätigkeit befreien kann. Uns geht es um Befreiung von der Gewalt *jetzt*, nicht morgen.

Wenn man diesen ganzen Prozeß der Analyse betrachtet – der so in Mode gekommen ist – und seine Voraussetzungen erkennt, nicht nur verbal, sondern tatsächlich, dann lehnt man ihn ab. Wenn Sie etwas Falsches ablehnen, können Sie es unbefangen anschauen; dann erkennen Sie die Wahrheit. Aber zuerst müssen Sie das Falsche zurückweisen.

2

Wenn wir das äußerliche wie innerliche Chaos und Durcheinander in der Welt betrachten – dieses ganze Elend, den Hunger, Krieg, Haß, die Brutalität –, müssen wohl viele von uns sich gefragt haben, was man dagegen tun kann. Was kann ich, was können Sie als mit dieser Verwirrung konfrontierte Menschen tun? Wenn wir diese Frage stellen, halten wir uns für verpflichtet, irgend etwas Politisches oder Soziales, irgendeine Art religiöser Suche und Entdekkung zu unternehmen. Man meint, man müsse sich verpflichten, und dieses Verlangen nach verbindlicher Verpflichtung ist in der ganzen Welt sehr wichtig geworden. Entweder man ist Aktivist oder man zieht sich aus diesem sozialen Chaos zurück und folgt einer Vision nach. Ich denke, daß es viel wichtiger ist, sich gar nicht zu verpflichten, sondern sich auf die gesamte Struktur und das Wesen des Lebens vollkommen einzulassen. Wenn Sie sich einer Sache verpflichten, dann verpflichten Sie sich einem Teil, und deshalb wird dieser Teil wichtig, und das ruft eine Spaltung hervor. Wenn man sich dagegen vollkommen, total auf das ganze Problem des Lebens einläßt, dann wird Handeln etwas gänzlich anderes. Dann richtet sich das Handeln nicht nur nach innen, sondern auch nach außen; es bezieht sich auf das gesamte Lebensproblem. Sich einzulassen bedeutet totale Beziehung zu jedem Problem, mit dem ganzen Denken und Fühlen des menschlichen Geistes. Und wenn man sich dann so vollständig auf das Leben eingelassen und sich nicht irgendeinem besonderen Teil oder Bruchstück verpflichtet hat, dann muß man schauen, was man als Mensch wirklich zu tun imstande ist.

Für die meisten von uns ist Handeln von einer Ideologie abgeleitet. Zunächst haben wir einen Gedanken darüber, was wir tun sollten, und dieser Gedanke ist eine Ideologie, ein Begriff, eine Formel. Wenn wir formuliert haben, was wir tun sollen, handeln wir entsprechend dieser Ideologie. So gibt es immer eine Spaltung und daher einen Konflikt zwischen Handeln und dem von uns formulierten Vorsatz. Da das Leben größtenteils eine Reihe von Konflikten und Kämpfen ist, fragt man sich unweigerlich, ob man in dieser Welt leben kann, wenn man sich vollkommen auf sie einläßt, und nicht in irgendeinem abgeschiedenen Kloster.

Dies führt zwangsläufig zu einer weiteren Frage, nämlich: Was ist Beziehung? Denn das ist es, worauf wir uns einlassen – der Mensch in Beziehung zu einem anderen Menschen –, das ist das Lebensganze. Wenn es überhaupt keine Beziehung gäbe, wenn man wirklich ganz isoliert lebte, würde das Leben aufhören. Das Leben ist Bewegung in Beziehung. Diese Beziehung zu verstehen und dem Konflikt in dieser Beziehung ein Ende zu setzen, darin besteht unser ganzes Problem. Das heißt herauszufinden, ob der Mensch fähig ist, nicht nur innerlich, sondern auch äußerlich in Frieden zu leben. Denn dann ist Verhalten aufrichtig, und um Verhalten, das Handeln ist, geht es uns. Sie fragen vielleicht: »Was kann ein Individuum, ein Mensch angesichts dieser ungeheuren Probleme des Lebens mit seiner Verwirrung, seinen Kriegen, dem Haß, der Qual, dem Leiden tun?« Was kann ein einzelner Mensch tun, um eine Veränderung, eine Revolution, einen radikalen Zustand, eine neue Sicht, eine neue Lebensweise herbeizuführen? Ich meine, daß diese Frage: »Was kann ich tun, um dieser völligen Verwirrung und Unordnung abzuhelfen?«, falsch gestellt ist. Wenn Sie die Frage so stellen: »Was kann ich angesichts dieser Unordnung tun?«, dann haben Sie sie bereits beantwortet: Sie können überhaupt nichts tun. Daher ist es die falsche Fragestellung. Aber wenn es Ihnen ein Anliegen ist, nicht was Sie angesichts dieses ungeheuerlichen Elends tun, sondern wie Sie ein völlig anderes Leben führen können, dann werden Sie sehen, daß Ihre Beziehung zu Menschen, zur ganzen Gemeinschaft, zur Welt sich verändert. Denn schließlich sind Sie und ich als Menschen die ganze Welt – ich sage das nicht rhetorisch, sondern als Tatsache: Sie und ich sind die ganze Welt. Was man denkt, was man fühlt, die Qual, das Leiden, der Ehrgeiz, der Neid, die außerordentliche Verwirrung, in der man sich befindet, das ist die Welt. Es muß eine Veränderung, eine radikale Revolution in der Welt geben, man kann nicht so weiterleben wie bisher, ein bürgerliches Leben führen, ein Leben der Oberflächlichkeit, ein Leben des schäbigen Dahinvegetierens von einem Tag zum anderen, gleichgültig gegenüber dem, was geschieht. Wenn Sie und ich als Menschen uns vollkommen ändern können, dann wird alles, was immer wir tun, das Rechte sein. Dann werden wir in uns selbst und daher auch äußerlich keinen Konflikt mehr hervorrufen. Das ist also das Problem. Darüber möchte der Sprecher sich heute abend mit Ihnen unterhalten. Denn

wie wir bereits sagten, wie man sein Leben führt, was man im täglichen Leben tut – nicht im Augenblick einer großen Krise, sondern wirklich Tag für Tag –, ist ungemein wichtig. Beziehung *ist* Leben, und diese Beziehung ist eine ständige Bewegung, ein ständiger Wandel.

Unsere Frage lautet daher: Wie kann ich oder wie können Sie sich so grundlegend wandeln, daß Sie morgen früh als ein vollkommen anderer Mensch aufwachen, der jedes sich stellende Problem anpackt, es augenblicklich löst und es nicht als eine Last mitschleppt, so daß in Ihrem Herzen eine große Liebe herrscht und Sie die Schönheit der Berge und das Licht auf dem Wasser erkennen können? Um diese Wandlung herbeizuführen, muß man sich offensichtlich selbst verstehen, denn Selbsterkenntnis, keine theoretische, sondern tatsächliche ist von höchster Bedeutung – was Sie auch sein mögen.

Wissen Sie, wenn man mit all diesen Problemen konfrontiert wird, ist man tief bewegt, nicht durch Worte, nicht durch eine Beschreibung, denn das Wort ist nicht die Sache, die Beschreibung ist nicht das Beschriebene. Wenn man sich selbst betrachtet, so wie man wirklich ist, dann wird man entweder von Verzweiflung erfaßt, weil man sich für hoffnungslos, häßlich, elend hält; oder man betrachtet sich urteilslos. Sich selbst urteilslos anzuschauen, ist ungemein wichtig, weil man sich nur so selbst erkennen und verstehen kann. Und wenn man sich selbst objektiv beobachtet – was kein Prozeß der Ichbezogenheit, der Selbstisolierung oder ein Sichabschneiden von der ganzen Menschheit oder einem anderen Menschen ist –, dann erkennt man, wie schrecklich konditioniert man ist: durch wirtschaftliche Zwänge, durch die Kultur, in der man gelebt hat, durch das Klima, durch die Ernährung, durch die Propaganda der sogenannten religiösen Organisationen oder durch die Kommunisten. Diese Konditionierung ist nicht oberflächlich, sondern geht sehr tief, und so fragt man sich, ob man sich jemals daraus befreien kann, denn wenn man nicht frei ist, ist man ein Sklave, dann lebt man unaufhörlich in Konflikt und Kampf, der zur akzeptierten Lebensform geworden ist.

Ich hoffe, daß Sie dem Sprecher zuhören, nicht nur seinen Worten, sondern indem Sie die Worte als Spiegel zur Selbstbeobachtung benutzen. Dann wird die Kommunikation zwischen dem Redner und Ihnen eine völlig andere, dann haben wir es mit Tatsachen zu tun,

nicht mit Mutmaßungen, Meinungen oder Urteilen, dann liegt uns beiden an dem Problem, wie das Bewußtsein entkonditioniert und vollständig geändert werden kann. Wie gesagt, ist diese Selbsterkenntnis nur möglich, wenn wir uns unserer Beziehungen bewußt werden. Nur in der Beziehung kann man sich selbst beobachten; in ihr treten alle Reaktionen, alle Konditionierungen zutage. Daher wird man sich in einer Beziehung des eigenen Zustands bewußt, des Zustands, in dem man sich wirklich befindet. Und während man sich beobachtet, wird einem das ungeheure Problem der Angst bewußt.

Man erkennt, daß der Geist immer Gewißheit verlangt, Sicherheit. Ein Geist, der sich in Sicherheit wiegt, ist ein spießiger Geist, ein schäbiger Geist. Doch das ist es, was wir alle wollen: vollkommen sicher sein. Und psychisch gibt es so etwas überhaupt nicht. Schauen Sie sich an, was sich draußen abspielt – das ist ganz interessant zu beobachten –, jeder Mensch möchte Sicherheit, Gewißheit haben. Aber psychisch tut er alles, um seine eigene Zerstörung herbeizuführen. Das kann man beobachten. Solange es Nationen mit souveränen Regierungen, mit Armeen und Kriegsflotten und so weiter gibt, muß es Krieg geben. Aber wir sind psychisch so konditioniert, daß wir akzeptieren, zu einer bestimmten Gruppe, einer bestimmten Nation, einer bestimmten Ideologie oder Religion zu gehören. Ich weiß nicht, ob Sie je beobachtet haben, welchen Unfug die religiösen Organisationen in der Welt angerichtet haben, wie sie die Menschheit gespalten haben. Sie sind Katholik, ich bin Protestant. Die Bezeichnung ist uns viel wichtiger als tatsächliche Zuneigung, Liebe, Freundlichkeit. Die Nationen haben uns getrennt, die Nationalitäten haben uns getrennt. Diese Spaltung, die unsere Konditionierung ausmacht und die Angst auslöst, läßt sich gut beobachten.

Wir werden also auf die Frage eingehen, wie man mit der Angst umgehen soll. Solange wir diese Angst nicht lösen, leben wir im Dunkeln, leben wir mit der Gewalt. Ein Mensch, der keine Angst hat, ist nicht aggressiv; ein Mensch, der keine Angstgefühle irgendwelcher Art kennt, ist ein wirklich freier, friedfertiger Mensch. Als Menschen müssen wir dieses Problem lösen, denn wenn wir dazu nicht in der Lage sind, können wir unmöglich aufrichtig leben. Erst wenn man Verhalten versteht, Lebensführung, die zu tun hat mit Tugend – Sie spucken vielleicht auf dieses Wort –, erst wenn man

völlig frei von Angst ist, kann der Geist herausfinden, was Wahrheit, was Glückseligkeit ist, und ob es so etwas wie einen zeitlosen Zustand gibt. Wenn Angst herrscht, möchte man entfliehen, und diese Flucht ist völlig absurd, unreif. Wir haben es also mit dieser Angst zu tun. Kann das Bewußtsein sich völlig davon lösen, sowohl in den bewußten als auch in den sogenannten unbewußten, tieferen Schichten? Darüber wollen wir heute abend sprechen, denn ohne diese Angst zu verstehen und ohne sie aufzulösen, kann das Bewußtsein niemals frei sein. Und nur in Freiheit kann man forschen und entdecken. Es ist sehr wichtig, ja entscheidend, daß der Geist frei ist von Angst. Wollen wir das also näher untersuchen?

Zuallererst denken Sie bitte daran, daß die Beschreibung nicht das Beschriebene ist, bleiben Sie also nicht an der Beschreibung, an den Worten hängen. Das Wort, die Beschreibung ist lediglich ein Mittel der Verständigung. Wenn Sie sich aber am Wort festhalten, werden Sie nicht sehr weit kommen. Man muß sich nicht nur der Bedeutung des Wortes bewußt sein, sondern man muß auch erkennen, daß das Wort nicht die Sache ist. Was ist also Angst? Ich hoffe, wir machen uns zusammen auf den Weg. Bitte, hören Sie nicht nur achtlos zu; lassen Sie sich darauf ein, leben Sie es ganz und gar. Denn es ist Ihre Angst, nicht meine. Wir begeben uns zusammen auf die Reise, um dieses äußerst komplexe Problem der Angst zu erkunden. Wenn man die Angst nicht versteht und sich nicht von ihr befreit, ist keine Beziehung möglich: Dann bleibt Beziehung Konflikt, Mühsal, Elend.

Was ist Angst? Man hat Angst vor der Vergangenheit, vor der Gegenwart oder vor etwas, das morgen geschehen könnte. Angst hat mit Zeit zu tun. Man fürchtet sich vor dem Tod, der in der Zukunft liegt. Oder man fürchtet sich vor etwas, das bereits geschehen ist. Oder man fürchtet sich vor dem Schmerz, den man verspürt hatte, als man krank war. Bitte, beachten Sie genau: Angst setzt Zeit voraus, man fürchtet sich vor etwas – vor einem Schmerz, den man einmal hatte und der sich wieder einstellen könnte. Man fürchtet sich vor etwas, das morgen oder in weiterer Zukunft stattfinden könnte. Oder man fürchtet sich vor der Gegenwart. All das hat mit Zeit zu tun. Psychologisch gesprochen, wenn es kein Gestern, Heute und Morgen gäbe, würde es auch keine Angst geben. Angst hat nicht nur mit Zeit zu tun, sondern sie ist das Produkt des Den-

kens. Das heißt, wenn ich daran denke, was gestern geschehen ist – etwas Schmerzhaftes –, denke ich daran, daß es morgen wieder geschehen könnte. Das Denken ruft diese Angst hervor. Denken erzeugt Angst: das Denken an den Schmerz, an den Tod, an die Frustrationen, die zu erfüllenden Aufgaben, was geschehen könnte, was sein sollte und so fort. Das Denken ruft Angst hervor und gibt ihr fortwährend neue Nahrung. Und das Denken, wenn man an das denkt, was einem gestern Vergnügen bereitete, erhält dieses Vergnügen aufrecht und verleiht ihm Dauer. Das Denken erzeugt, erhält, nährt also nicht nur die Angst, sondern auch das Vergnügen. Bitte, beobachten Sie das bei sich selbst, schauen Sie genau hin, was sich in Ihnen wirklich abspielt.

Sie haben eine lustvolle oder eine sogenannte erfreuliche Erfahrung gemacht, und Sie denken daran. Sie möchten sie wiederholen, sei es Sex oder jede andere Erfahrung. Indem Sie an das denken, was Ihnen einen lustvollen Augenblick verschafft hat, möchten Sie, daß diese Lust sich wiederholt, daß sie fortbesteht. Das Denken ist daher nicht nur für Angst, sondern auch für Lust verantwortlich. Man erkennt die Wahrheit darin, den wirklichen Sachverhalt, nämlich daß das Denken die Lust aufrechterhält und die Angst nährt. Das Denken erzeugt sowohl Angst als auch Lust; die beiden sind nicht zu trennen. Wo das Verlangen nach Lust besteht, muß es auch Angst geben; beides läßt sich nicht vermeiden, weil beide das Produkt des Denkens sind.

Bitte, seien wir uns bewußt, daß ich Sie nicht zu irgend etwas überreden will, ich mache keine Propaganda. Gott bewahre! Denn Propaganda machen, heißt lügen; wenn jemand Sie von irgend etwas zu überzeugen versucht, lassen Sie sich davon nicht überzeugen. Uns geht es um etwas viel Ernsthafteres als um Überzeugung, um das Darlegen von Meinungen und Urteilen. Wir haben es mit Realitäten, mit Tatsachen zu tun. Und Tatsachen, die Sie beobachten, bedürfen keiner Meinung. Die Tatsache braucht Ihnen nicht gesagt zu werden, es gibt sie, wenn Sie sie zu schauen vermögen.

Wir sehen also, daß das Denken sowohl Angst als auch Lust nährt. Wir möchten, daß die Lust weiterbesteht, wir möchten immer mehr Lust. Die höchste Lust besteht für den Menschen darin, herauszufinden, ob es einen ewigen Zustand im Himmel gibt, der Gott ist; für den Menschen ist Gott die höchste Form der Lust. Und wenn Sie

näher hinsehen, beruht die ganze Gesellschaftsmoral – die in Wahrheit eine Unmoral ist – auf Lust und Angst, Belohnung und Strafe.

Wenn man diesen Sachverhalt erkennt – nicht die Beschreibung, nicht das Wort, sondern das Beschriebene, die wirkliche Art und Weise, wie das Denken dieses bewirkt, dann fragt man sich: »Ist es möglich, daß das Denken aufhört?« Die Frage klingt ziemlich verrückt, sie ist es aber nicht. Sie sahen gestern einen Sonnenuntergang, die Berge waren von der Abendsonne außergewöhnlich beleuchtet, das war eine Herrlichkeit, eine Schönheit, die Ihnen große Freude bereitete. Kann man sich auch so vollkommen daran erfreuen, daß dies alles zu Ende geht, daß das Denken es nicht in das Morgen hinüberträgt? Und kann man der Angst ins Auge sehen, wenn es so etwas wie Angst wirklich gibt? Das ist nur möglich, wenn Sie die Struktur und das Wesen des Denkens ganz verstehen. Es erhebt sich also die Frage: »Was ist das Denken?«

Für die meisten von uns ist das Denken außerordentlich wichtig geworden. Wir begreifen nie, daß das Denken immer alt ist, das Denken ist niemals neu, das Denken kann nie frei sein. Wir haben über Gedankenfreiheit gesprochen, was glatter Unsinn ist, das heißt darüber, Sie könnten äußern, was Sie wollen, Sie könnten sagen, was Ihnen beliebt; doch das Denken selbst ist niemals frei, denn das Denken ist die Antwort der Erinnerung. Das können Sie selbst beobachten. Das Denken ist die Antwort der Erinnerung, der Erfahrung, des Wissens. Wissen, Erfahrung, Erinnerung sind immer alt, und daher ist das Denken immer alt. Daher kann das Denken nie etwas Neues sehen. Kann der Geist das Problem der Angst anschauen ohne Einmischung des Denkens? Verstehen Sie?

Ich fürchte mich. Man hat Angst vor dem, was man getan hat. Seien Sie sich dessen vollkommen bewußt ohne Einmischung des Denkens – gibt es dann noch Angst? Wie gesagt, wird Angst durch Zeit hervorgerufen; Zeit ist Denken. Dies ist keine Philosophie, keine mystische Erfahrung, betrachten Sie es nur in Ihrem Inneren, dann werden Sie sehen. Man macht sich klar, daß das Denken objektiv, effizient, logisch, vernünftig funktionieren muß. Wenn Sie ins Büro gehen, oder was immer Sie tun, muß das Denken in Aktion sein, sonst können Sie nichts tun. Doch in dem Augenblick, in dem das Denken Lust und Angst erzeugt und aufrechterhält, wird das Den-

ken untauglich. Dann erzeugt das Denken untaugliche Beziehungen und verursacht dadurch Konflikte. Man fragt sich also, ob das Denken in einer Richtung zu Ende sein und dennoch in seiner höchsten Fähigkeit funktionieren kann. Es geht uns um die Frage, ob das Denken abwesend sein kann, wenn der Geist den Sonnenuntergang in seiner ganzen Schönheit betrachtet. Erst dann sehen Sie die Schönheit des Sonnenuntergangs, nicht wenn Ihr Geist voll von Gedanken, Problemen und Gewalt ist. Das heißt, falls Sie das beobachtet haben, in dem Augenblick, in dem man den Sonnenuntergang betrachtet, ist das Denken abwesend. Sie betrachten dieses außergewöhnliche Licht auf dem Berg, es entzückt Sie, und in diesem Augenblick hat das Denken darin gar keinen Platz. Doch im nächsten Augenblick sagt das Denken: »Wie wunderbar das war, wie schön, ich wünschte, ich könnte es malen, ich wünschte, ich könnte ein Gedicht darüber schreiben, ich wünschte, ich könnte meinen Freunden erzählen, wie herrlich das ist.« Oder das Denken sagt: »Ich möchte diesen Sonnenuntergang morgen wieder sehen.« Dann fängt das Denken mit seinem Unfug an. Denn dann sagt das Denken: »Morgen verschaffe ich mir diese Lust wieder«, und wenn Sie sie nicht bekommen, empfinden Sie Schmerz. Das ist sehr einfach, und gerade wegen seiner Einfachheit wird es übersehen. Wir möchten alle schrecklich klug sein, wir sind alle so gebildet, so intellektuell, wir lesen so viel. Die gesamte psychologische Geschichte der Menschheit (nicht wer König war oder was für Kriege es gab und die ganze Absurdität der Nationalitäten) hat man in sich selbst. Wenn Sie dies in Ihrem Inneren lesen können, dann haben Sie verstanden. Dann sind Sie sich selbst ein Licht, dann gibt es keine Autorität, dann sind Sie wirklich frei.

Unsere Frage lautet also: Kann das Denken aufhören, sich einzumischen? Es ist dieses Einmischen, das Zeit hervorbringt. Verstehen Sie? Nehmen Sie den Tod. Es liegt große Schönheit in dem, was den Tod ausmacht, und es ist nicht möglich, diese Schönheit zu verstehen, wenn irgendeine Form von Angst vorhanden ist. Wir zeigen nur, wie sehr wir uns vor dem Tode fürchten, weil er irgendwann in der Zukunft eintreten kann und weil er unvermeidlich ist. Das Denken denkt also über ihn nach und sperrt ihn aus. Oder das Denken denkt an die Angst, die man hatte, an den Schmerz, die Sorge, und daß sich das wiederholen könnte. Wir sind in dem vom Denken be-

wirkten Unsinn gefangen. Dennoch erkennt man auch die außerordentliche Bedeutung des Denkens. Wenn Sie ins Büro gehen, wenn Sie etwas Technisches vollbringen, müssen Sie Denken und Wissen einsetzen. Wenn man den ganzen Verlauf dieses Gesprächs von Anfang bis hierher betrachtet – wenn man das Ganze sieht –, fragt man sich: »Kann das Denken schweigen?« Kann man den Sonnenuntergang anschauen und völlig in die Schönheit dieses Sonnenuntergangs aufgehen, ohne daß das Denken die Frage der Lust ins Spiel bringt? Bitte, folgen Sie dem. Dann wird aus Verhalten rechtes Verhalten. Das Verhalten wird nur dann tugendhaft, wenn das Denken nicht das kultiviert, was es für Tugend hält, die dann unheilig und häßlich wird. Tugend gehört nicht der Zeit oder dem Denken an; und das bedeutet, daß Tugend kein Produkt von Lust oder Angst ist. Also lautet die Frage jetzt: Wie ist es möglich, den Sonnenuntergang zu betrachten, ohne daß das Denken ihn mit Lust und Schmerz umgibt? Kann man diesen Sonnenuntergang mit solcher Aufmerksamkeit, mit einem so völligen Aufgehen in diese Schönheit betrachten, so daß dieser Sonnenuntergang, wenn Sie ihn gesehen haben, ein Ende hat und nicht vom Denken als Vergnügen für morgen vereinnahmt wird?

Verstehen wir uns? Tatsächlich? *(Zuhörer: Ja, Ja.)* Gut, ich freue mich, aber antworten Sie nicht so schnell »Ja«. *(Gelächter)* Denn dies ist ein ziemlich schwieriges Problem. Den Sonnenuntergang zu beobachten, ohne daß das Denken sich einmischt, verlangt ungeheure Disziplin; nicht die Disziplin der Konformität, oder die Disziplin der Unterdrückung oder Kontrolle. Das Wort »Disziplin« bedeutet »lernen« – nicht sich anpassen, nicht gehorchen –, etwas über diesen ganzen Denkprozeß und seinen Stellenwert lernen. Die Negierung des Denkens bedarf genauer Betrachtung. Und um betrachten zu können, bedarf es der Freiheit. In dieser Freiheit erkennt man die Bewegung des Denkens, und dann lernen wir wirklich.

Was verstehen wir unter Lernen? Wenn man zur Schule oder zur Universität geht, erhält man eine Menge Informationen, vielleicht nicht von großer Bedeutung, aber man lernt. Das wird zum Wissen, und aus diesem Wissen heraus handeln wir, entweder auf technischem Gebiet oder im gesamten Bereich des Bewußtseins. Man muß daher gründlich verstehen, was dieses Wort »lernen« bedeutet. Das Wort »lernen« bezieht sich offensichtlich auf eine aktive Ge-

genwart. Die ganze Zeit über findet Lernen statt. Wenn jedoch dieses Lernen eine Anhäufung von Wissen wird, dann ist das etwas ganz anderes. Das heißt, ich habe aus der Erfahrung der Vergangenheit gelernt, daß man sich an Feuer verbrennt. Das ist Wissen. Ich habe es gelernt, und daher gehe ich nicht in die Nähe von Feuer. Ich habe aufgehört zu lernen. Und die meisten von uns handeln, wenn sie einmal etwas gelernt haben, aus diesem Wissen. Wenn wir Informationen über uns selbst (oder über einander) angesammelt haben, werden sie zum Wissen; dann wird dieses Wissen fast statisch, und von daher handeln wir. Daher ist Handeln immer etwas Altes. Lernen ist also etwas völlig anderes.

Wer heute abend aufmerksam zugehört hat, hat etwas über das Wesen von Angst und Lust gelernt; das hat er gelernt, und aufgrund dessen handelt er. Ich hoffe, Sie bemerken den Unterschied. Lernen beinhaltet ständiges Handeln. Man lernt immerzu. Der Akt des Lernens selbst ist ein Tun. Tun ist nicht getrennt von Lernen; hingegen ist für die meisten von uns das Tun von Wissen getrennt. Das heißt, wir haben eine Ideologie oder ein Ideal und handeln dementsprechend, indem wir unser Handeln nur diesem Ideal annähern. Deswegen ist Handeln immer etwas Altes.

Lernen ist, wie Sehen, eine große Kunst. Wenn Sie eine Blume sehen, was spielt sich dabei ab? Sehen Sie die Blume wirklich oder sehen Sie sie durch das Bild, das Sie sich von dieser Blume gemacht haben? Das sind zwei völlig verschiedene Dinge. Wenn Sie eine Blume, eine Farbe betrachten, ohne sie zu benennen, ohne Zuneigung oder Abneigung, ohne Schranke zwischen Ihnen und dem Ding, das Sie als eine Blume sehen, ohne das Wort, ohne Denken, dann gewinnt die Blume eine außerordentliche Farbe und Schönheit. Doch wenn Sie die Blume mit Ihrem botanischen Wissen betrachten, wenn Sie sagen: »Das ist eine Rose«, haben Sie Ihr Schauen bereits konditioniert. Sehen und Lernen ist eine große Kunst, aber man lernt sie nicht auf der Universität. Sie lernt man zu Hause. Sie können eine Blume anschauen und herausfinden, wie Sie sie anschauen. Wenn Sie sensibel und lebendig sind, wenn Sie beobachten, dann werden Sie merken, daß der Zwischenraum zwischen Ihnen und der Blume verschwindet, und wenn dieser Zwischenraum verschwindet, sehen Sie den Gegenstand so lebendig, so stark! Genau so ist es, wenn Sie sich selbst ohne diesen Zwischenraum (nicht

als »der Beobachter« und »das Beobachtete«) betrachten: Dann werden Sie feststellen, daß es keinen Widerspruch und folglich keinen Konflikt gibt. Wenn man die Struktur der Angst betrachtet, erkennt man auch die Struktur und das Wesen der Lust. Sehen ist Lernen, und so ist der Geist nicht im Streben nach Lust befangen. Dann hat das Leben eine ganz andere Bedeutung. Man lebt – nicht auf der Suche nach Lustgewinn.

Warten Sie einen Augenblick, bevor Sie Fragen stellen. Ich würde Sie gern etwas fragen: Was hat diese Rede Ihnen gebracht? Bitte, antworten Sie mir nicht. Stellen Sie fest, ob sie Ihnen Worte, Beschreibungen, Ideen vermittelt oder ob sie Ihnen etwas Wahres, Unwiderrufliches, Unzerstörbares gebracht hat, weil Sie selbst es erkannt haben. Dann werden Sie sich selbst ein Licht sein, und daher werden Sie Ihre Kerze an keinem anderen Licht entzünden; Sie sind sich selbst dieses Licht. Wenn das eine Tatsache, keine überhebliche Mutmaßung ist, dann war eine Begegnung dieser Art der Mühe wert. Möchten Sie jetzt vielleicht Fragen stellen?

Wie wir gestern sagten, stellen Sie Fragen, um etwas zu erfahren, nicht um zu zeigen, daß Sie intelligenter sind als der Redner. Ein Mensch, der vergleicht, ist nicht intelligent; ein intelligenter Mensch vergleicht niemals. Entweder Sie stellen Fragen, weil Sie sich damit zu erkennen geben, sich selbst gegenüber öffnen und dadurch lernen, oder Sie stellen eine Frage, um den Sprecher hereinzulegen – was Ihnen herzlich gern vergönnt sei. Oder Sie stellen eine Frage, um Ihr Blickfeld zu erweitern, um die Tür zu öffnen. Es hängt also von Ihnen ab, was für Fragen Sie stellen wollen und welche Qualität sie haben werden. Was bitte nicht heißen soll, daß der Sprecher Sie davon abhalten möchte, Fragen zu stellen.

[F]: Was soll man tun, wenn man einen Sonnenuntergang beobachtet und gleichzeitig das Denken ins Spiel kommt?

[K]: Was soll man dann tun? Bitte, verstehen Sie die Bedeutung dieser Frage. Also, Sie sehen den Sonnenuntergang, das Denken mischt sich ein, und dann sagen Sie: »Was soll man tun?« Wer ist derjenige, der diese Frage stellt: »Was soll man tun?« Ist es das Denken, das so fragt? Verstehen Sie die Frage? Lassen Sie es mich folgendermaßen sagen: Da ist der Sonnenuntergang, seine Schönheit, die außergewöhnliche Farbe, die Empfindung davon, die Liebe dazu; dann schaltet sich das Denken ein, und ich sage mir:

»So ist das nun, was soll ich tun?« Hören Sie bitte aufmerksam zu, lassen Sie sich darauf ein. Ist es nicht auch das Denken, das fragt: »Was soll ich tun?« Das »Ich«, das fragt: »Was soll ich tun?«, ist das Ergebnis des Denkens. Das Denken erkennt also, was sich in diese Schönheit einmischt und sagt: »Was soll ich tun?«
Tun Sie gar nichts! *(Gelächter)* Wenn Sie etwas *tun*, bringen Sie Konflikte hinein. Wenn Sie jedoch den Sonnenuntergang beobachten, und wenn das Denken sich einmischt, *seien Sie sich dessen bewußt*. Seien Sie sich des Sonnenuntergangs und des Denkens, das sich einmischt, bewußt. Jagen Sie das Denken nicht fort. Seien Sie sich dieser ganzen Sache bewußt, ohne eine Wahl zu treffen: des Sonnenuntergangs und des Denkens, das sich einmischt. Dann werden Sie feststellen, wenn Sie auf diese Weise bewußt sind, ohne das Denken unterdrücken zu wollen, ohne gegen diese Einmischung des Denkens anzukämpfen, daß dann, sobald Sie das alles nicht tun, das Denken sich legt. Denn es ist das Denken selbst, das diese Frage stellt: »Was soll ich tun?« Das ist eine List des Denkens. Fallen Sie nicht auf sie herein, sondern beobachten Sie die ganze Struktur dessen, was hier geschieht.

[F]: Wir sind konditioniert, den Sonnenuntergang auf bestimmte Weise anzuschauen, wir sind konditioniert, dem Redner auf bestimmte Weise zuzuhören. Mit unserer Konditionierung betrachten wir alles und hören wir alles. Wie kann man sich von dieser Konditionierung befreien?

[K]: Wann sind Sie sich dieser Konditionierung, irgendeiner Konditionierung bewußt? Bitte, folgen Sie dieser Frage ein wenig. Wann sind Sie sich dessen bewußt, daß Sie konditioniert sind? Sind Sie sich dessen bewußt, daß Sie als Amerikaner, als Hindu, als Katholik, Protestant, Kommunist, als dieser oder jener konditioniert sind? Sind Sie sich bewußt, daß Sie so konditioniert sind, oder sind Sie sich dessen bewußt, weil jemand es Ihnen gesagt hat? Wenn Sie sich deshalb bewußt sind, weil jemand Sie darauf hingewiesen hat, daß Sie konditioniert sind, dann ist dies eine Form von Bewußtheit. Wenn Sie sich aber Ihrer Konditionierung bewußt sind, ohne daß es Ihnen gesagt wurde, dann hat das eine ganze andere Qualität. Wenn Ihnen gesagt wird, daß Sie Hunger haben, ist das eine Sache; wenn Sie aber wirklich hungrig sind, eine andere. Stellen Sie nun fest, worum es sich handelt: Ob Ihnen gesagt wurde, daß Sie konditio-

niert sind, und ob Sie es daher erkennen; oder weil Sie sich dessen bewußt sind, weil Sie sich auf diesen ganzen Prozeß des Lebens eingelassen haben und aufgrund dieser Bewußtheit selbst erkennen, ohne daß Ihnen gesagt wurde, daß Sie konditioniert sind. Dann hat dies eine Lebendigkeit, dann wird dies ein Problem, das Sie in der Tiefe verstehen müssen. Man erkennt, daß man konditioniert ist, nicht, weil es einem gesagt wird. Die offensichtliche Reaktion, wenn man intelligent ist, ist, diese Konditionierung abzuwerfen. Wenn man sich diese besondere Konditionierung bewußt macht, revoltiert man dagegen, wie die heutige Generation revoltiert – was lediglich eine Reaktion ist. Die Revolte gegen eine Konditionierung bildet eine andere Form der Konditionierung. Man wird sich seiner Konditionierung als Kommunist, Protestant, Demokrat oder Republikaner bewußt. Was spielt sich ab, wenn es keine Reaktion, sondern nur eine Bewußtheit dessen gibt, was diese Konditionierung wirklich ist? Was geht vor sich, wenn Sie sich dieser Konditionierung, die Sie selbst entdeckt haben, bewußt sind, ohne eine Wahl zu haben? Es gibt keine Reaktion. Dann lernen Sie etwas über diese Konditionierung, über ihre Ursachen. Zweitausend Jahre Propaganda haben Sie veranlaßt, an eine bestimmte Form von religiösem Dogma zu glauben. Sie sind sich bewußt, wie die Kirche Jahrhunderte hindurch, aufgrund von Überlieferung, Wiederholung, verschiedener Rituale und Formen der Unterhaltung, unser Bewußtsein konditioniert hat. Tag für Tag, Monat für Monat, von Kindesbeinen an hat sich das wiederholt; wir werden getauft und so weiter. Und eine andere Form desselben Vorgangs findet in Ländern wie Indien, China etc. statt.

Wenn Sie sich nun dessen bewußt sind, was geschieht dann? Sie erkennen, wie schnell das Bewußtsein beeinflußt wird. Wenn das Bewußtsein formbar, jung, unschuldig ist, wird es kommunistisch, katholisch, protestantisch und so weiter geprägt. Warum wird es geprägt? Warum wird es durch die Propaganda so geformt? Können Sie folgen? Warum lassen Sie sich von der Werbung überreden, bestimmte Dinge zu kaufen, an bestimmte Dinge zu glauben, warum? Es ist nicht nur dieser ständige Druck von außen vorhanden, sondern man möchte auch eine gewisse Zugehörigkeit besitzen, man möchte einer Gruppe zugehören, weil in dieser Zugehörigkeit eine Sicherheit liegt. Man möchte Angehöriger eines Stammes sein. Und

dahinter steht die Angst, die Angst vor dem Alleinsein, die Angst, draußen zu stehen – nicht nur psychologisch, sondern man findet vielleicht auch keine berufliche Stellung. All das gehört dazu, und dann fragen Sie, ob das Bewußtsein sich von der Konditionierung freimachen kann. Wenn Sie die Gefahr der Konditionierung erkennen, wie Sie die Gefahr eines Abgrunds oder eines wilden Tieres erkennen, wird sie mühelos von Ihnen abfallen. Aber wir erkennen die Gefahr der Konditionierung nicht. Wir erkennen die Gefahr des Nationalismus nicht, wie er Menschen von Menschen trennt. Wenn Sie diese Gefahr intensiv, lebendig sehen könnten, würden Sie sie auf der Stelle fallen lassen.

Die Frage lautet daher: Ist es möglich, sich der Konditionierung so intensiv bewußt zu sein, daß man die Wahrheit erkennt? Nicht, ob sie einem paßt oder nicht, sondern die Tatsache, daß man konditioniert ist und daher ein Bewußtsein hat, das unfähig ist zur Freiheit. Denn nur das freie Bewußtsein weiß, was Liebe ist.

[F]: Ist es richtig, daß die Vergangenheit vom Feuer gegenwärtigen, völligen Beteiligtseins verzehrt wird?

[K]: Was ist die Gegenwart? Wissen Sie, was das ist? Sie sagen: »Lebe in der Gegenwart«, wie viele Intellektuelle dies befürworten – sie befürworten es, weil für sie die Zukunft trostlos *(Gelächter)*, sinnlos ist; deshalb sagen sie: »Lebe in der Gegenwart, machen Sie das Beste aus der Gegenwart, seien Sie ›ganz da‹.« Wir müssen herausfinden, was die Gegenwart ist. Was ist »das Jetzt«? Wissen Sie, was »das Jetzt«, was die Gegenwart ist? Gibt es überhaupt eine Gegenwart? Nein, bitte, spekulieren Sie nicht, sondern beobachten Sie. Haben Sie jemals bemerkt, was »das Jetzt« ist? Können Sie sich des »Jetzt« bewußt sein, können Sie es kennen? Oder kennen Sie nur die Vergangenheit, die Vergangenheit, die in die Gegenwart hinein wirkt, die ihrerseits die Zukunft hervorbringt? Können Sie folgen? Wenn Sie sagen »in der Gegenwart leben«, müssen Sie herausfinden, was die Gegenwart tatsächlich ist. Gibt es sie überhaupt? Um zu verstehen, ob es so etwas wie eine wirkliche Gegenwart gibt, müssen Sie die Vergangenheit begreifen. Und wenn Sie sich klarmachen, was Sie als Mensch sind, stellen Sie fest, daß Sie durch und durch das Ergebnis der Vergangenheit sind. Es ist nichts Neues an Ihnen, Sie sind sozusagen aus zweiter Hand. Sie sind die Vergangenheit, welche die Gegenwart betrachtet, die Gegenwart übersetzt.

Die Gegenwart ist die Herausforderung, der Schmerz, die Sorge, ein Dutzend Dinge, die das Ergebnis der Vergangenheit sind, und Sie schauen es an, wobei Sie sich fürchten und an das Morgen denken, das Ihnen neues Vergnügen verschaffen soll – all dies sind Sie. Das »Jetzt« zu verstehen ist das große Problem der Meditation – es *ist* die Meditation selbst. Um die Vergangenheit vollkommen zu begreifen, schauen Sie nach, wo ihre Bedeutung liegt; ihre vollkommene Unwichtigkeit einzusehen, das Wesen der Zeit zu erkennen – all dies gehört zur Meditation. Darauf können wir vielleicht an einem anderen Abend näher eingehen. Aber bevor Sie meditieren können, muß die Grundlage der Redlichkeit vorhanden sein, und das heißt, ohne Angst zu sein. Wenn irgendeine Art heimlicher oder offenkundiger Angst herrscht, ist Meditation äußerst gefährlich, weil sie eine herrliche Ausflucht bietet. Das meditative Bewußtsein zu erkennen ist etwas ungemein Großartiges.

3

Wie wir bereits gestern sagten, geht es uns nicht um irgendwelche Theorien, Lehrmeinungen oder um spekulative Philosophie. Wir haben es mit Fakten zu tun, mit dem, was wirklich ist. Und indem wir das, »was ist«, unsentimental, unemotional begreifen, können wir darüber hinausgehen und es transzendieren. Das Wichtige in all diesen Gesprächen ist nicht die Idee oder die Negation einer Idee, sondern daß wir uns auf die Komplexität des Lebens, auf das Leiden, die Hoffnungslosigkeit und den Mangel an Leidenschaft einlassen. Die Wurzel des Wortes Leidenschaft bedeutet »Leiden«. Wir wollen dieses Wort aber nicht im Sinne von Leiden gebrauchen oder im Sinne jener Energie, die durch Zorn, durch Haß, durch Widerstand entsteht, sondern vielmehr im Sinne einer Leidenschaft, die natürlich und ohne Anstrengung entsteht, wenn Liebe vorhanden ist. Heute abend wollen wir über Tod, Leben und Liebe sprechen.
Es geht uns nicht um bloße Beschreibung, um Erklärung, sondern um ein tiefes Verstehen des Problems, so daß wir uns ganz und gar darauf einlassen, so daß es der Atem unseres Lebens wird, keine

bloße Intellektualisierung. Können wir hinschauen, verstehen und erkennen, was diese ganze Lebensproblematik ausmacht? Können wir uns wirklich mit dem Leben, der Liebe und dem Tod auseinandersetzen – nicht analytisch, nicht theoretisch? Das Spekulieren darüber, was uns im Jenseits erwartet, scheint mir müßig, ohne jeden Wert. Um die ganze Bedeutung des Lebens zu begreifen, muß man untersuchen, was es heißt zu leben. Gescheite Leute überall auf der Welt haben nach einem Sinn jenseits des Lebens gesucht. Religiöse Leute haben gesagt, daß dieses Leben nur ein Mittel zu einem Zweck sei; und diejenigen, die nicht religiös sind, behaupten, das Leben sei sinnlos. Daraufhin erfinden sie irgendeine Bedeutung, je nach Intellekt und Konditionierung. Das wollen wir heute abend nicht tun. Wir werden das Leben betrachten, wie es ist – nicht emotional, nicht sentimental –, sondern wir wollen wirklich erkennen, was es ist. Und ich denke, daß es sinnvoll ist, wenn man das Lebensganze, nicht nur einen Bruchteil, in den Blick faßt. Vielleicht werden wir dann, wenn wir dem Leben keinen Sinn und keine Bedeutung zuschreiben, die Schönheit des Lebens, ja seine ungeheure Größe erkennen. Und diese Schönheit, diese außerordentliche Lebensqualität können wir nur dann begreifen oder tief empfinden, wenn wir dem, was wir Leben nennen, und dem, was wir tatsächlich tun, auf den Grund gehen. Ohne ein Verständnis des Lebens werden wir nicht verstehen können, was Sterben noch was Liebe ist.
Man gebraucht diese Worte »Liebe«, »Tod« und »Leben« so beiläufig – jeder Politiker redet von »Liebe«, und jeder Priester führt das Wort im Munde. Beides, Liebe und Tod, sind von ungeheurer Bedeutung, und ich sage, daß es ohne Verstehen des Todes kein Verstehen der Liebe gibt. Um den Tod zu begreifen, muß man in der Tiefe, mit großem Ernst verstehen, was das Leben ist; man muß dies in aller Freiheit prüfen, mehr noch: ohne jede Hoffnung. Das heißt nicht, daß wir uns in einem Zustand der Verzweiflung befinden müssen, um diese Dinge zu prüfen. Ein verzweifelter Geist wird zynisch; aber ein von Hoffnung belasteter kann die Dinge nicht richtig überprüfen, weil er voreingenommen ist. Daher setzt das Erforschen dessen, was wir Leben nennen, der täglichen Lebensführung, Klarheit voraus, weniger die Klarheit des Denkens als die Klarheit der Wahrnehmung: die Klarheit, wirklich zu sehen, »was ist«.
Das sehende Erkennen dessen, »was ist«, genau dieser Akt ist Lei-

denschaft! Für die meisten von uns hat Leidenschaft immer mit Haß, Leiden, Zorn und Spannung zu tun; oder es ist eine durch lustvolles Vergnügen hervorgerufene Leidenschaft, die zur Wollust wird. Einer solchen Leidenschaft fehlt die Energie, die nötig ist, um den ganzen Lebensprozeß zu verstehen. Verstehen *ist* wirklich Leidenschaft; ohne Leidenschaft kann man nichts vollbringen. Intellektuelle Leidenschaft ist überhaupt keine Leidenschaft. Doch um das Lebensganze untersuchen zu können, bedarf es nicht nur einer außerordentlichen Klarheit der Wahrnehmung, sondern auch intensiver Leidenschaft.

Was ist das also, was wir Leben nennen? Nicht das, was wir gern hätten – das ist nur eine Idee, die keine Wirklichkeit besitzt, es ist das bloße Gegenteil dessen, »was ist«. Das Gegenteil dessen, »was ist«, erzeugt Spaltung, und in dieser Spaltung liegt Konflikt. Indem wir betrachten, was das Leben ist, müssen wir die Vorstellung dessen, was »sein sollte«, völlig ausschalten, denn das hieße, in eine ideologische Sichtweise zu flüchten, die gänzlich unwirklich ist. Wir wollen nur untersuchen, was das Leben tatsächlich ist; und die Qualität dieser Untersuchung ist wichtiger als die Untersuchung selbst. Jeder kluge Kopf kann sie durchführen, sofern er über eine gewisse Gedankenschärfe und eine gewisse Sensibilität verfügt. Doch wenn die Erkundung rein intellektuell ist, verliert sie die Sensibilität, die mit einer bestimmten Qualität des Mitleidens, der Zuneigung und Fürsorge entsteht. Um jene geistige Qualität zu erlangen, die sehr genau hinsieht, muß diese Sorgsamkeit, diese Qualität der Zuneigung und des Mitleidens, die dem Intellekt abgeht, vorhanden sein. Wir müssen erkennen, was uns der Intellekt bei dieser Prüfung dessen, was sich in unserem täglichen Leben wirklich abspielt, zu verstehen gibt – doch dazu braucht es eine Warnung, wenn Sie mir dieses Wort gestatten: Man muß wissen, daß die Beschreibung niemals das Beschriebene ist, noch das Wort die Sache.

Wie bereits gesagt, können wir ohne ein Verständnis dessen, was Leben ist, niemals verstehen, was Sterben heißt, und ohne ein Verständnis des Todes wird aus Liebe lediglich Lust und folglich Schmerz. Was ist das, was wir Leben nennen? Wie man im täglichen Leben beobachten kann, herrschen in jeder Beziehung zu Menschen, zu Vorstellungen, zu Eigentum, zu Dingen viele Konflikte. Für uns ist jegliche Beziehung zum Schlachtfeld, zum Kampf gewor-

den. Vom Augenblick unserer Geburt an bis zum Tod ist das Leben ein Prozeß der Anhäufung von Problemen, die wir nie lösen können, von Belastungen durch alle möglichen Dinge. Im Grunde ist das Leben ein Feld, auf dem der Mensch gegen den Menschen antritt. Daher herrscht Leben aus Konflikt. Niemand kann leugnen, daß wir alle in Konflikt leben, ob es uns gefällt oder nicht. Wir möchten aus diesem fortwährenden Konflikt heraus, und deshalb erfinden wir alle möglichen Ausflüchte – vom Fußball bis zur Gottesvorstellung. Jeder von uns kennt nicht nur die Last dieses Konflikts, sondern auch das Leiden, die Einsamkeit, die Verzweiflung, die Sorge, den Ehrgeiz und die Frustration, die äußerste Langeweile, die Routine. Gelegentlich blitzt Freude auf, an die das Bewußtsein sich sofort als an etwas Außerordentliches klammert und die es erneuern möchte; dann wird diese Freude zur Erinnerung, zu Asche. Das ist es, was wir Leben nennen. Wenn wir unser eigenes Leben betrachten – nicht verbal oder intellektuell, sondern wie es wirklich ist –, sehen wir, wie leer es ist. Stellen Sie sich vor, daß man vierzig, fünfzig Jahre damit verbringt, jeden Tag ins Büro zu gehen, Geld zu sparen, um eine Familie zu ernähren, und so weiter. Das ist es, was wir Leben nennen – verbunden mit Krankheit, Alter und Tod. Und wir versuchen, diesem Elend zu entkommen durch Religion, durch Alkohol, durch Gelehrsamkeit, durch Sex, durch jede Form religiöser oder sonstiger Unterhaltung. Das ist unser Leben, trotz all unserer Theorien, Ideale und Philosophien. Wir leben in Konflikt und Trauer.

Unser Leben hat eine Kultur, eine Gesellschaft hervorgebracht, die zur Falle wurde, in der wir gefangen sind. Die Falle haben wir geschaffen; für diese Falle ist jeder einzelne von uns verantwortlich. Auch wenn wir gegen die etablierte Ordnung revoltieren, ist diese Ordnung doch von uns gemacht, von uns errichtet. Und nur dagegen zu revoltieren hat sehr wenig Sinn, weil man dann nur eine andere etablierte Ordnung, eine andere Bürokratie erschafft. All dies, mit all den nationalen, rassischen, religiösen Unterschieden, den Kriegen, dem Blutvergießen, den Tränen, das ist es, was wir Leben nennen, und wir wissen nicht, was wir tun sollen. Mit dieser Frage sind wir konfrontiert. Da wir nicht wissen, was wir tun sollen, versuchen wir zu fliehen oder versuchen, jemanden zu finden, der uns rät, was wir tun sollen, irgendeine Autorität, einen Guru, einen Lehrer, jemanden, der uns sagt: »Schau her, dies ist der Weg.«

Die Lehrer, die Gurus, die Mahatmas, die Philosophen haben uns alle in die Irre geführt, weil wir unsere Probleme nicht wirklich gelöst haben, weil unser Leben sich nicht verändert hat. Wir sind die gleichen elenden, unglücklichen, kummerbeladenen Menschen geblieben. Als erstes also sollten wir nie einem anderen Menschen folgen, den Sprecher eingeschlossen. Versuchen Sie nie, von jemand anderem zu erfahren, wie Sie sich verhalten, wie Sie leben sollen. Denn was ein anderer Ihnen sagt, ist nicht Ihr Leben. Wenn Sie sich auf einen anderen stützen oder von einem anderen abhängig sind, werden Sie in die Irre geraten. Wenn Sie aber die Autorität des Gurus, des Philosophen, des Theoretikers – ob kommunistisch oder theologisch – ablehnen, dann können Sie sich selbst betrachten, dann können Sie die Antwort finden. Doch solange man sich nach einem anderen richtet, von einem anderen abhängig ist, mag er noch so weise sein, ist man verloren. Der Mensch, der zu wissen behauptet, weiß nichts. Die erste Forderung also ist, keinem anderen zu folgen, und das ist sehr schwer, weil wir nicht wissen, was wir tun sollen; wir sind so konditioniert worden, zu glauben und zu folgen.

Wenn wir erforschen, was wir »Leben« nennen, können wir dann wirklich – nicht theoretisch – jede Form von psychischer Nachfolge, jeden Zwang, einen Menschen zu finden, der uns sagen kann, was wir tun sollen, ablegen? Wie kann ein verwirrter Geist jemanden finden, der ihm die Wahrheit sagt? Der Verwirrte wird sich jemanden suchen, der seiner eigenen Verwirrung entspricht. Verlassen Sie sich also nicht aufeinander, suchen Sie keine Abhängigkeit voneinander. Wenn wir nämlich das tun, schleppen wir eine schwere Last mit uns herum, die Last der Abhängigkeit von Büchern, von all den Theorien der Welt; das ist eine ungeheure Bürde, und wenn Sie sich ihrer entledigen können, sind Sie frei zu beobachten, dann haben Sie keine Meinung, keine Ideologie, Sie ziehen keine Schlüsse, sondern sind wirklich in der Lage zu sehen, »was ist«. Dann können Sie schauen, dann können Sie fragen: »Was ist das für ein Konflikt, mit dem man lebt?«

Wenn man das beobachtet – und ich hoffe, auch Sie beobachten selbst und verlassen sich nicht auf die Worte des Sprechers –, werden Sie sehen, daß dieser Konflikt anhält, solange Sie einen Widerstreit in Ihrem Inneren haben, den Widerstreit gegensätzlicher

Wünsche; solange ein Gegensatz besteht zwischen dem, »was ist«, und dem, »was sein sollte«. Das, »was sein sollte«, steht im Gegensatz zu dem, »was ist«, und »was sein sollte«, wird von dem, »was ist«, geformt. Also ist der Gegensatz auch etwas, »was ist«. Leben ist ein konflikthafter Prozeß, in dem Gewalt herrscht; das ist, »was ist«, die Tatsache. Der Gegensatz heißt »Gewaltlosigkeit«, ein Zustand, in dem kein Konflikt, keine Gewalt herrschen. Der gewalttätige Mensch versucht, gewaltlos zu werden. Dazu braucht er vielleicht zehn Jahre oder auch den Rest seines Lebens, aber in der Zwischenzeit sät er weiter die Saat der Gewalt. Wir haben hier also die Tatsache der Gewalt und die Nicht-Tatsache der Gewaltlosigkeit, die im Gegensatz dazu steht. In diesem Widerspruch liegt Konflikt: ein Mensch, der versucht, etwas zu werden. Wenn Sie den Gegensatz ausschalten können und nicht versuchen, gewaltlos zu werden, können Sie der Gewalt wirklich ins Auge sehen. Dann erhalten Sie die Energie, die nicht durch den Konflikt mit dem Gegensatz verausgabt wird. Dann haben Sie die Energie, die Leidenschaft zu erkennen, »was ist«.

Habe ich mich verständlich gemacht? Kommunikation ist nämlich etwas sehr Schwieriges, aber noch wichtiger als Kommunikation ist Kommunion: miteinander über dieses Problem in Kommunion zu sein; das heißt, wir beide sind zur selben Zeit, auf derselben Ebene entschlossen, zu beobachten, zu lernen, etwas herauszufinden. Erst dann findet zwischen zwei Menschen Kommunion statt, die über Kommunikation hinausgeht. Wir wollen beides versuchen: Wir wollen nicht nur Kommunikation herstellen, sondern gleichzeitig versuchen, bei diesem Problem in Kommunion miteinander zu treten. Dies ist keine Propaganda, wir versuchen nicht, Sie zu bevormunden, Sie zu etwas zu überreden oder Sie zu beeinflussen, sondern wir bitten Sie nur, zu beobachten.

Nun, ich sehe, daß ein Beobachten, ein wirkliches Erkennen dessen, »was ist«, nicht möglich ist, wenn der Gegensatz besteht. Das Ideal ist die Ursache des Widerstreits, und deshalb herrscht Konflikt. Wenn Sie zornig sind und sagen: »Ich sollte nicht zornig sein«, bewirkt dieses »sollte nicht« einen Widerspruch, und daher kommt es zur Spaltung zwischen Zorn und Anspruch, daß man nicht zornig sein sollte. Um Ihren Zorn einzugestehen und sich dessen bewußt zu werden, um die Bedeutung dieses Zorns zu erkennen, brauchen Sie

Energie, und diese Energie wird durch Konflikte und durch das Streben nach dem Gegensatz vertan. Können Sie den Gegensatz ganz aufgeben? Das ist sehr schwer, weil der Gegensatz nicht nur das Ideal ist, sondern auch der Prozeß des Messens und Vergleichens. Wenn keine Vergleiche gezogen werden, gibt es auch keinen Gegensatz.

Wir sind so erzogen und konditioniert worden, daß wir vergleichen, uns an dem Helden, dem Heiligen, dem großen Menschen messen. Um zu beobachten, »was ist«, muß der Geist frei sein von jedem Vergleich, vom Ideal, vom Gegensatz. Dann werden Sie sehen, daß das, was wirklich »ist«, viel wichtiger ist als das, was »sein sollte«. Dann haben Sie die Energie, die Vitalität, den vom Gegensatz erzeugten Widerspruch abzulegen. Frei zu sein vom Prozeß des Vergleichens erfordert Disziplin, und diese Disziplin stellt sich genau dann ein, wenn man die Zwecklosigkeit des Gegensatzes begreift. Dies genau zu beobachten, die ganze Struktur und das Wesen dieses Konflikts zu erkennen, dieser Akt des Schauens erfordert Disziplin. Er *ist* Disziplin. Disziplin bedeutet lernen, und wir *lernen* – ohne etwas zu verdrängen, ohne zu versuchen, etwas zu werden, etwas nachzuahmen, uns anzupassen. Diese Disziplin ist etwas außerordentlich Geschmeidiges, Sensibles.

Jeder von uns prüft diesen Konflikt. Wir sagten, daß er durch den Gegensatz entsteht. Der Gegensatz gehört zu dem, »was ist«. Auch der Gegensatz ist das, »was ist«. Und da der Geist das, »was ist«, nicht verstehen oder aufheben kann, flüchtet er in das, »was sein sollte«. Wenn Sie all das ausgeschaltet haben, dann beobachtet der Geist genau, »was ist«, was Gewalt ist (wir nehmen das als Beispiel). Was ist also, was wir Gewalt nennen? Wenn es den Gegensatz zur Gewalt nicht gibt, wenn Sie der Tatsache des Zorns, des Haßgefühls wirklich ins Auge sehen – *gibt* es dann Gewalt, gibt es den Zorn? Befassen Sie sich damit, Sie werden es in Ihrem Inneren erkennen. Ich kann hier nicht allzu gründlich darauf eingehen, weil wir noch verstehen müssen, was der Tod, was die Liebe ist; wir müssen also ziemlich schnell vorgehen.

Was wir Leben nennen, ist Konflikt, und wir sehen, worin dieser Konflikt besteht. Wenn wir diesen Konflikt verstehen, ist die Wahrheit das, »was ist«, und die Bedeutung der Wahrheit befreit den Geist von dem, »was ist«. In unserem Leben ist auch viel Leid und

Trauer, und wir wissen nicht, wie wir dem ein Ende setzen sollen. Das Aufhören von Leid ist der Anfang von Weisheit. Ohne zu verstehen, was Leiden ist, und ohne sein Wesen und seine Struktur zu begreifen, werden wir nicht erkennen, was Liebe ist, denn für uns ist Liebe Leiden und Schmerz, Lust und Eifersucht. Wenn ein Mann seiner Frau sagt, daß er sie liebt, und gleichzeitig ehrgeizig ist, hat diese Liebe dann irgendeine Bedeutung? Kann ein ehrgeiziger Mensch lieben? Kann ein konkurrenzbewußter Mensch lieben? Und trotzdem reden wir von Liebe, von Zärtlichkeit, vom Ende des Krieges, während wir mit anderen wetteifern, ehrgeizig sind, nach persönlicher Position, Beförderung und so weiter streben. All dies bringt Leiden. Kann das Leid aufhören? Es kann nur dann aufhören, wenn man sich selbst versteht, und das ist tatsächlich »was ist«. Dann verstehen Sie, warum Sie leiden, ob dieses Leiden Selbstmitleid, Angst vor dem Alleinsein, Lebensleere ist oder ob es Leiden ist, das davon kommt, daß man voneinander abhängig ist. Und all das ist ein Teil unseres Lebens. Wenn wir dies alles verstehen, stoßen wir auf ein weitaus größeres Problem, nämlich den Tod. Bitte bedenken Sie, daß wir nicht über Reinkarnation sprechen noch darüber, was nach dem Tod geschieht. Darüber wollen wir auch nicht sprechen oder Menschen Hoffnung machen, die sich vor dem Tod fürchten.

Gestern haben wir uns mit der Frage der Angst befaßt. Wenn der Geist frei ist von Angst, was ist dann der Tod? Da ist das Alter mit all seinen Beschwerden: Krankheit, Verlust des Gedächtnisses, tausend Leiden, die Angst vor dem Altern. In diesem Land nennt man alle alten Leute jung! Eine Frau von achtzig Jahren wird junge Dame genannt! Die Menschen fürchten sich, und wo Furcht ist, fehlt Verstehen; wenn Selbstmitleid herrscht, hört das Leiden nicht auf. Was bedeutet es also zu sterben? Offensichtlich kommt der Organismus an sein Ende. Der Mensch lebt neunzig Jahre, und wenn die Wissenschaftler ein entsprechendes Medikament entdeckten, könnte er hundertfünfzig Jahre alt werden – weiß Gott, warum er hundertfünfzig Jahre alt werden will, so wie wir leben! Aber auch dann, selbst wenn Sie hundert Jahre lebten, nützt sich der Organismus ab, weil wir völlig falsch leben: in Konflikten, in Angst und Spannung, und indem wir Tiere und Menschen töten. Was für ein Durcheinander haben wir doch aus unserem Leben gemacht! So ist

das Alter etwas Schreckliches. Aber der Tod ist immer gegenwärtig – für die Jungen, für die Menschen in mittleren Jahren und für die Alten. Was verstehen wir unter Sterben, neben dem unvermeidlichen physischen Tod? Der Tod hat einen tieferen Sinn als nur den, daß der physische Organismus aufhört zu sein; nämlich das psychische Aufhören – daß das »Ich«, das »Du« plötzlich aufhört. Das »Ich«, das »Du«, das Wissen angehäuft, das gelitten hat, das mit lustvollen und schmerzhaften Erinnerungen gelebt hat, mit der ganzen Mühsal des Gewußten, mit psychischen Konflikten, mit unverstandenen Dingen, mit dem, was man tun wollte und nicht getan hat. Der psychische Kampf, die Erinnerungen, die Lust, die Schmerzen – all das hört auf. Das ist es eigentlich, wovor man Angst hat, nicht vor dem, was nach dem Tod kommt. Man hat nie Angst vor dem Unbekannten; man hat Angst davor, daß das Bekannte aufhört. Das Bekannte ist Ihr Haus, Ihre Familie, Ihre Frau, Ihre Kinder, Ihre Ideen, Ihre Möbel, Ihre Bücher, all die Dinge, mit denen Sie sich identifiziert haben. Wenn das vorbei ist, fühlen Sie sich vollkommen isoliert, einsam, und davor haben Sie Angst. Das ist eine Form des Todes, und das ist der einzige Tod.

Wenn man das einsieht – nicht theoretisch, sondern wirklich –, wenn man erkennt, daß man Angst davor hat, alles zu verlieren, was man besessen, was man geschaffen, wofür man gearbeitet hat, stellt sich die Frage: »Ist es nicht möglich, psychisch jeden Tag zu sterben, in bezug auf alle Dinge, die man gekannt hat?« Kann man täglich sterben, so daß der Geist jeden Tag frisch, jung und unschuldig ist? Tun Sie dies tatsächlich, und Sie werden sehen, welch außerordentliche Dinge dann geschehen. Dann wird der Geist unschuldig. Ein alter Geist, und sei er noch so erfahren, ist niemals unschuldig. Nur ein Geist, der jeden Tag alle seine Lasten abwirft, jeden Tag mit allen Problemen fertig wird, ist ein unschuldiger Geist. Dann hat das Leben einen ganz anderen Sinn. Dann kann man herausfinden, was Liebe ist. Offensichtlich ist Liebe nicht Lust; wie wir gestern gesagt haben, führt Lust zu Schmerzen, weil Lust, wie Angst, der Denkprozeß ist. Wenn Liebe Denkprozeß ist, ist sie dann Liebe? Die meisten von uns sind eifersüchtig, neidisch, und dennoch reden wir von Liebe. Kann ein neidischer Geist lieben? Wenn man sagt, daß man liebt, ist das Liebe? Oder will der Geist sich sein Vergnügen erhalten und kultiviert daher die Angst? Kann Liebe gedeihen, wo

Angst und Vergnügen herrschen, die Denken sind? Und damit kommt auch das Sexproblem ins Spiel. *(Gelächter)* Warum lachen Sie? Ich freue mich, daß Sie lachen, aber warum?
Wir müssen auf diese Frage näher eingehen, so wie wir die Angst erforscht haben und die Frage, was das Leben ist. Warum haben wir aus Sex so ein großes Thema gemacht? Warum ist Sex ein solches Problem geworden? Offenbar dreht sich alles darum, nicht nur heutzutage, sondern auch in der Vergangenheit. Es ist etwas so ungeheuer Wichtiges im Leben geworden. Warum? Würden Sie das bitte herausfinden? Wir bieten keine Meinung an, wir wollen die Sache prüfen. Es ist etwas so kolossal Wichtiges geworden, in erster Linie, weil wir geistig aus zweiter Hand leben. Wir wissen, was andere getan haben und tun, und machen nach, was andere gesagt haben – Buddha, Christus und wie sie alle heißen –, wir theoretisieren. Das ist nicht geistige Freiheit, die Freiheit vom Denken ist. Wir sind durch Denken gefesselt, und das Denken ist immer alt, es ist niemals neu. Daher kann es keine geistige Freiheit im tieferen Sinne des Wortes geben, weil Denken diese Freiheit niemals bewirken kann. Intellektuell sind wir gefesselt, und emotional sind wir schäbig, häßlich, sentimental, falsch und heuchlerisch. Im Leben haben wir daher jede Freiheit verloren, außer im Sex. Das ist vermutlich die einzige Freiheit, die Sie besitzen. Und dazu gehört Lust, das vom Denken geschaffene Bild über den Geschlechtsakt, und dieses Bild, diese Lust käuen wir immer wieder und wieder, wie eine Kuh ihr Futter. Das ist die einzige Freiheit, die Sie haben, in der Sie als Menschen wirklich frei sind. In allem anderen sind Sie unfrei, weil wir Sklaven der Propaganda sind, sei sie christlich, katholisch oder kommunistisch. Während es überall an Freiheit fehlt, gibt es nur diese eine Freiheit, und auch das ist keine Freiheit, weil Sie gefangen sind in der Lust und der Verantwortung aufgrund der Lust, nämlich aufgrund der Familie. Aber wenn Sie Ihre Familie, Ihre Kinder wirklich von Herzen liebten, glauben Sie, daß es dann einen einzigen Kriegstag geben könnte?
Ihre Sicherheit liegt in der Lust, und deshalb sind in dieser Sicherheit Schmerz, Leiden und Verwirrung; und so ist in allem, Sex eingeschlossen, Schmerz, Qual, Zweifel, Eifersucht und Abhängigkeit. Die eine Sache, in der Sie sich frei fühlen, ist ebenfalls zur Fessel geworden. Wenn Sie all das betrachten – tatsächlich, nicht verbal,

nicht hingerissen von einer Beschreibung, weil die Beschreibung nie das Beschriebene ist –, wenn Sie all das mit Ihren Augen, mit dem Herzen, mit Ihrem Geist in vollkommener Aufmerksamkeit wahrnehmen, werden Sie erkennen, was Liebe ist. Und Sie werden außerdem erkennen, was der Tod ist und was das Leben ist.

4

Der Mensch sucht mehr als nur das Vergängliche. Wahrscheinlich hat er sich seit undenklichen Zeiten die Frage gestellt, ob es etwas Heiliges gibt, etwas Unirdisches, das er sich nicht durch Denken, durch den Intellekt zurechtgelegt hat. Er hat immer gefragt, ob es eine Wirklichkeit, einen zeitlosen Zustand gibt, der nicht vom Geist erfunden, nicht vom Denken projiziert wird, sondern ein Geisteszustand ist, in dem die Zeit tatsächlich nicht existiert: Ob es etwas »Göttliches«, »Sakrales«, »Heiliges« (wenn man diese Worte gebrauchen darf) gibt, das unvergänglich ist. Die organisierten Religionen scheinen die Antwort geliefert zu haben. Sie sagen, daß es eine Wirklichkeit gibt, daß es einen Gott gibt, daß es etwas gibt, das der Geist unmöglich ermessen kann. Dann beginnen sie zu organisieren, was sie für das Wirkliche halten, und der Mensch wird in die Irre geführt. Sie erinnern sich vielleicht an die Geschichte vom Teufel, der mit einem Freund auf der Straße ging; sie sahen vor sich einen Mann, der sich bückte und etwas von der Straße aufhob. Und wie er es aufhob und ansah, zeichnete sich auf seinem Gesicht großes Entzücken ab. Der Freund des Teufels erkundigte sich, was der Mann aufgehoben habe, und der Teufel antwortete: »Das ist die Wahrheit.« Der Freund sagte: »Ist das nicht eine sehr üble Sache für dich?« Der Teufel erwiderte: »Ganz und gar nicht, ich werde ihm helfen, sie zu organisieren.« *(Gelächter)*
Die Verehrung eines von Menschenhand oder vom Geist geschaffenen Bildes und die Dogmen und Rituale der organisierten Religion mit ihrem Sinn für Schönheit sind etwas sehr Heiliges, Sakrales geworden. Und so wurde der Mensch in seiner Suche nach dem Unermeßlichen und Zeitlosen eingefangen, in die Falle gelockt, betro-

gen, weil er immer hofft, etwas zu finden, das nicht gänzlich von dieser Welt ist. Denn was haben die traditionellen, bürokratischen, kapitalistischen oder kommunistischen Gesellschaften eigentlich zu bieten? Sehr wenig, außer Nahrung, Kleidung und Obdach. Vielleicht hat der eine mehr Gelegenheiten, Arbeit zu finden, oder kann mehr Geld verdienen, aber letzten Endes stellt man fest, daß diese Gesellschaften sehr wenig zu bieten haben; und der Geist, sofern er denn intelligent und wach ist, lehnt all dies ab. Die Physis des Menschen braucht Nahrung, Kleidung und Obdach, das ist absolut wesentlich. Aber wenn das zur Hauptsache wird, dann verliert das Leben seinen wunderbaren Sinn. Daher lohnt es sich vielleicht, heute abend, ein wenig Zeit damit zu verbringen, für uns selbst herauszufinden, ob es wirklich etwas Sakrales gibt, etwas, das nicht vom Denken oder von den Umständen geschaffen wurde, das nicht das Resultat von Propaganda ist. Es wäre der Mühe wert, könnten wir auf diese Frage näher eingehen, denn wenn wir nichts finden, das nicht durch Worte, durch das Denken, durch irgendeine Erfahrung zu messen ist, wird das Leben – das heißt das tägliche Leben – völlig oberflächlich. Vielleicht ist dies der Grund (oder auch nicht), warum die heutige Generation diese Gesellschaft ablehnt und nach etwas jenseits des täglichen Kampfes, der Häßlichkeit und Brutalität Ausschau hält.

Können wir der Frage nachgehen: »Was ist ein religiöses Bewußtsein?« Was ist das für ein Geisteszustand, der erkennen kann, was Wahrheit ist? Sie sagen vielleicht: »Es gibt keine Wahrheit, es gibt keinen Gott, Gott ist tot, wir müssen das Beste aus dieser Welt machen und über die Runden kommen. Wozu solche Fragen stellen, wenn es soviel Verwirrung, soviel Elend, Hunger, Gettos, Rassenvorurteile gibt? Kümmern wir uns lieber um all das, schaffen wir eine humanitäre Gesellschaft.« Auch wenn all das getan wird – und ich hoffe, daß es getan wird –, muß diese Frage gestellt werden. Sie werden sie vielleicht erst am Ende von zehn, fünfzehn oder fünfzig Jahren stellen, aber diese Frage wird unweigerlich gestellt werden. Wir müssen fragen, ob es einen Zustand gibt, welcher der Zeit ein Ende setzt.

Zuallererst muß es Freiheit geben zu schauen, Freiheit zu beobachten, ob es einen solchen Zustand gibt oder nicht; wir können schlechterdings nicht irgend etwas mutmaßen. Solange es irgend-

eine Mutmaßung, Hoffnung, Angst gibt, ist das Bewußtsein verzerrt, kann es unmöglich klar sehen. Freiheit ist daher absolut notwendig, um etwas herausfinden zu können. Sogar in einem wissenschaftlichen Labor braucht man Freiheit, um beobachten zu können. Sie mögen eine Hypothese haben, aber wenn sie der Beobachtung zuwiderläuft, läßt man sie fallen. Nur in Freiheit können Sie eine völlig neue Entdeckung machen. Wenn wir uns also gemeinsam auf dieses Unternehmen einlassen, nicht nur verbal, sondern auch non-verbal, dann muß es diese Freiheit von jeglichem persönlichen Anspruch, jeglicher Angst, Hoffnung oder Verzweiflung geben. Wir müssen einen klaren, fleckenlosen, unkonditionierten Blick haben, damit wir aus der Freiheit heraus beobachten können. Das ist das erste.
In den vergangenen drei Reden sind wir auf die Frage von Angst und Lust eingegangen. Wenn dies nicht klar ist und wenn man sich nicht mit dem Angstproblem auseinandergesetzt hat, dann ist es unmöglich, sich tiefer auf die Thematik einzulassen, die wir untersuchen wollen. Unser Bewußtsein ist offensichtlich durch unsere Glaubensvorstellungen konditioniert – christlichen, hinduistischen, buddhistischen Glauben und so weiter. Nur wenn wir uns vom Glauben jeglicher Art befreien, können wir beobachten und selbst erfahren, ob es eine vom Denken nicht korrumpierbare Wirklichkeit gibt. Man muß außerdem von jeglicher gesellschaftlichen Moral frei sein, weil die Gesellschaftsmoral nicht moralisch ist. Ein Geist, der nicht hochmoralisch ist, der nicht eingebettet ist in Redlichkeit, ist zur Freiheit unfähig. Deshalb ist es wichtig, sich selbst zu verstehen, sich selbst zu kennen, die ganze Struktur des eigenen Selbst zu begreifen – Gedanken, Hoffnungen, Ängste, Sorgen, Ambitionen und den wettbewerbsorientierten, aggressiven Geisteszustand. Nur wenn man redliches Verhalten versteht und es tief in sich verankert, herrscht Freiheit, weil sonst der Geist von seiner Unsicherheit, seinen Zweifeln, seinen Ansprüchen und Zwängen verwirrt wird.
Um dieser fundamentalen Frage nachgehen zu können, der Frage, was religiöser Geist ist, ob es so etwas überhaupt gibt, muß also Freiheit herrschen, nicht nur auf der bewußten Ebene, sondern auch in den tieferen Schichten des Unbewußten. Die meisten von uns haben akzeptiert, daß es ein Unbewußtes gibt, etwas Verborgenes, Dunkles, Unbekanntes. Wenn man nicht die Gesamtheit dieses

Unbewußten versteht, hat es wenig Sinn, nur mit Hilfe einer analytischen Untersuchung an der Oberfläche zu kratzen, ob sie nun durch Fachleute oder durch eigene Nachforschung betrieben wird. Man muß folglich auch dies beachten, das Bewußte genauso wie das Unbewußte, das tief drunten, im Geheimen und Verborgenen liegt, noch nie dem Licht der Intelligenz, dem Licht der Forschung ausgesetzt war. Lassen Sie uns auch auf die Frage eingehen, ob der bewußte Geist – das heißt unser Alltagsbewußtsein, durch Konkurrenz, durch sogenannte Bildung geschärft –, ob ein solcher Geist imstande ist, die tieferen, unbewußten Schichten zu erforschen. Was ist dieser Schatz des Unbewußten, über den jedermann spricht? Muß man, um das herauszufinden, all die Wälzer durchlesen, die von Fachleuten darüber geschrieben wurden? Muß man zu einem Experten gehen, damit er uns sagt, was dies ist? Oder kann man es selbst herausfinden – vollständig, nicht nur teilweise, in Bruchstücken? Es heißt, daß man träumen müsse, sonst würde man verrückt, weil Träume Hinweise seien, Andeutungen des Unbewußten und der geheimen, unerforschten Bewußtseinsschichten. Daher seien Träume Ausdruck dieser Tiefenschichten, und wenn man selbst oder der Analytiker die Träume zu deuten verstehe, könne das Unbewußte so zutage gefördert, sozusagen entleert werden. Niemand hat je danach gefragt, warum man überhaupt träumen soll. Es heißt, daß man träumen müsse, das sei gesund und normal. Die Gültigkeit dieser Aussage läßt sich in Frage stellen, denn man kann alles bezweifeln. (Solcher Zweifel verleiht uns Energie, Vitalität, Leidenschaft zu forschen.) Wir müssen uns die Frage stellen, warum man überhaupt Träume haben soll, denn wenn der Geist die ganze Zeit arbeitet, Tag und Nacht, endlos in Bewegung ist, hat er keine Ruhe, kann er sich nicht erfrischen, kann er sich nicht selbst erneuern. Er ist wie eine Maschine, die ständig arbeitet, die verschleißt. So hat man zu fragen wie wir jetzt: »Wozu braucht man Träume?« Es wäre ja möglich, nicht zu träumen. Diese Frage gestellt, wollen wir nun herausfinden, ob es möglich sei, nicht zu träumen, weil das Unbewußte der Speicher der Vergangenheit ist, das Rassen- und Familienerbgut, die Überlieferung der Gesellschaft, die diversen Formeln, Sanktionen und Motive, das animalische Erbe – in ihm ist alles beschlossen. Durch Träume werde dies alles Stück für Stück aufgedeckt, und man müsse nur die Fähigkeit

besitzen, es richtig zu deuten. Das ist natürlich ganz unmöglich. Es gibt Experten, die all diese Träume übersetzen – allerdings entsprechend ihrer Konditionierung, ihrem Wissen, der Informationen, die sie von anderen bezogen haben.

Wir fragen also: Brauchen wir Träume? Ist es möglich, nicht zu träumen? Bewußtsein umfaßt offensichtlich nicht nur das, was oben ist, sondern auch was unten ist – die ganze Sache. Wenn man den Inhalt des Geistes während des wachen Tages betrachten, beobachten kann, dann besteht während des Schlafes keine Notwendigkeit zu träumen. Das heißt, wenn Sie sich während der Wachstunden Ihrer Gedanken, Gefühle, Reaktionen, Motive, der Tradition, der Hemmungen, der verschiedenen Arten von Zwängen und Spannungen bewußt sind – wenn Sie diese beobachten, nicht korrigieren, nicht zwingen, anders zu sein, nicht übersetzen, sondern wenn Sie während des Tages tatsächlich absichtslos achtsam sind –, dann ist der Geist so wach, so sensibel für jede Reaktion, jede Denkbewegung, daß Motive, rassisches Erbe und all das andere aufsteigt und zutage tritt. Wenn Sie das ernsthaft, mit Intensität, mit leidenschaftlichem Erkenntnisdrang tun, werden Sie erleben, daß Ihre Nächte friedlich sind, ohne Traum, so daß der Geist beim Erwachen frisch ist, klar und unverzerrt. Das persönliche Element ist aufgelöst, so daß der Geist vollständig beobachten kann. Möglich ist dies nicht durch Anwendung dessen, was die Experten uns sagen, sondern indem Sie sich selbst studieren, wie man sich beim Rasieren oder Kämmen im Spiegel beobachtet. Dann werden Sie feststellen, daß das ganze Unbewußte so trivial, seicht, dumpf ist wie der oberflächliche Geist; das Unbewußte hat nichts Heiliges. Dann strebt der Geist, frei von Angst, von allem durch Lust verursachten Schmerz, nicht mehr weiter nach Lust. Glückseligkeit ist nicht Lust, Glückseligkeit ist etwas ganz anderes. Wie bereits gesagt, geht Lust mit Schmerz und folglich Angst einher, der Geist strebt nach Lust – nach höchster Lust –, denn die Vergnügungen dieser Welt sind abgenützt, abgestumpft und fade, und daher hält man nach immer neuen Vergnügungen Ausschau. Doch ein solcher Geist ist immer im Zustand der Angst. Ein Geist, der nach immerwährendem Vergnügen strebt oder Erfahrungen machen möchte, die große Lust garantieren – solch ein Geist lebt im Dunkeln. Das ist eine ganz einfache Tatsache, die Sie beobachten können.

Ein Geist, der nicht frei ist von Angst, auf der Suche nach immer stärkeren, umfassenderen Vergnügungen – was Schmerz und Furcht und die ganze Last und Mühsal des Vergnügens mit sich bringt –, ein solcher Geist ist nicht frei. Und ein Geist, der glaubt, daß es einen Gott gibt oder auch keinen Gott, ist gleichfalls ein konditionierter, voreingenommener Geist.

Ich hoffe, daß Sie zu all dem imstande sind! Der Sprecher ist emphatisch, aber lassen Sie sich von ihm nicht überreden, denn er besitzt überhaupt keine Autorität. In dieser Angelegenheit gibt es keine Autorität, keinen Guru, keinen Lehrer. Sie selbst sind Lehrer und Schüler zugleich. Wenn man doch nur alle Autorität beiseite lassen könnte, denn das ist am schwierigsten: frei sein und trotzdem in Redlichkeit, in Tugend ruhen, denn Tugend ist Ordnung. Wir leben in großer Unordnung, die Gesellschaft, in der wir leben, befindet sich in höchster Unordnung, angefüllt mit sozialen Ungerechtigkeiten, geprägt von Rassenunterschieden, ökonomischen und nationalistischen Aufspaltungen. Wie Sie in sich beobachten können, sind auch wir in Unordnung, und der ungeordnete Geist kann unmöglich frei sein. So ist Ordnung, also Tugend, vonnöten; und zwar Ordnung, nicht gemäß irgendeinem Raster oder nach dem Willen von Priestern und anderen, die behaupten: »Wir wissen, ihr wißt nicht.« Ordnung ist Tugend, und diese Ordnung kann sich nur dann einstellen, wenn wir verstehen, was *Unordnung* ist. Durch die Negation dessen, was Unordnung ist, entsteht Ordnung. In der Negation von Unordnung in der Gesellschaft liegt Ordnung, weil die Gesellschaft zu Habgier, Konkurrenz, Neid, Zwist, Brutalität, Gewalt ermuntert. Schauen Sie die Armeen, die Kriegsflotten an – das ist Unordnung! Wenn Sie – nicht in der Gesellschaft, sondern in Ihrem Inneren – Angst, Ehrgeiz, Habgier, Neid, Lust- und Prestigestreben, die innerliche Unordnung erzeugen, negieren, entsteht aus vollkommener Verneinung dieser Unordnung jene Ordnung, die Schönheit ist, nicht nur das Ergebnis von Zwängen und Verhaltensweisen der Umwelt. Ordnung muß sein, und dann werden Sie erkennen: Ordnung ist Tugend.

Wenn man all dies geschafft hat – und man muß es –, dann kann man die Frage stellen: »Was ist Meditation?« Nur der meditative Geist ist fähig zu erkennen, nicht der neugierige, nicht der fortwährend suchende Geist. Es ist merkwürdig, daß der Geist, der sucht, das

findet, was er sucht. Doch was er sucht und findet, ist bereits bekannt, denn was er findet, muß erkennbar sein, nicht wahr? Wiedererkennen gehört zu dieser Suche, und Erfahren und Wiedererkennen stammen aus der Vergangenheit. In der Erfahrung aufgrund von Suche, die mit Wiedererkennen zu tun hat, ist nichts Neues, es ist bereits bekannt. Deshalb greifen die Leute zu Drogen verschiedener Art; das hat man in Indien jahrtausendelang getan, es ist ein alter Trick, um das Bewußtsein zu schärfen, um neue Erfahrungen zu machen. Man hat jedoch nie untersucht, was Erfahrung an sich bedeutet. Man sagt, daß man neue Erfahrungen machen, neue Visionen haben müsse. Wenn man eine Erfahrung macht, eine neue Vision hat, etwa von Christus oder Buddha oder Krishna, dann ist diese Vision die Projektion der eigenen Konditionierung. Der Kommunist, sofern er überhaupt Visionen hat, wird den perfekten Staat vor sich sehen, in dem alles schön arrangiert und bürokratisch geregelt ist. Oder wenn Sie Katholik sind, werden Sie vielleicht Visionen von Christus oder Jungfrau Maria und so weiter haben; das alles hängt von Ihrer Konditionierung ab. Und wenn Sie diese Vision erkennen, dann ist das ein Wiedererkennen, weil sie bereits erfahren wurde, also bekannt war. Eine Vision ist also nichts wirklich Neues. Ein von Drogen beeinflußter Geist kann zwar vorübergehend geschärft werden und etwas sehr deutlich sehen, aber was er sieht, ist seine eigene Konditionierung, seine eigene Trivialität, nur gesteigert.

Wenn Sie alles das getan haben – und ich hoffe es um Ihretwillen –, können wir jetzt auf etwas eingehen, was einen wachen Sinn für Wahrnehmung, Schönheit und Sensibilität erfordert. Der Begriff »Meditation« kam aus dem Osten hierher. Die Christen haben ihre eigenen Worte dafür, Kontemplation und so weiter, doch »Meditation« ist sehr populär geworden. Yogis und Gurus sagen, Meditation sei ein Mittel der Erkenntnis, des Überschreitens, der Erfahrung des Transzendenten. Aber hat man gefragt, wer denn der Erfahrende ist? Unterscheidet sich der Erfahrende von dem, was er erfährt? Offensichtlich nicht, weil der Erfahrende die Vergangenheit mit all ihren Erinnerungen ist, und wenn er eine Erfahrung macht, wenn er durch Meditation oder Einnahme einer Droge Erfahrungen transzendiert, projiziert er etwas aus der Vergangenheit, erkennt er wieder und erklärt: »Dies ist eine wunderbare Vision.«

Sie ist nichts dergleichen, weil ein von der Vergangenheit befrachteter Geist unmöglich etwas Neues sehen kann.
Jetzt haben wir den Punkt erreicht, da wir herausfinden können, was Meditation ist. Wenn Sie eine Methode, ein System prüfen, was setzt das voraus? Jemand sagt: »Tu diese Dinge, übe sie Tag für Tag, zwölf, zwanzig, vierzig Jahre lang, und du wirst schließlich zur Wirklichkeit gelangen.« Das heißt also, praktizier eine Methode, was immer sie sei, aber was geschieht, wenn man eine Methode praktiziert? Was immer Sie als Routine tun, jeden Tag, zu einer bestimmten Stunde, mit gekreuzten Beinen sitzend, im Bett liegend oder beim Gehen – wenn Sie es tagtäglich wiederholen, wird Ihr Geist mechanisch. Wenn Sie diese Wahrheit erkennen, dann erkennen Sie, daß all dies etwas Mechanisches, Traditionelles, Wiederholungsmäßiges ist und daß es Konflikt, Unterdrückung, Kontrolle bedeutet. Ein durch eine Methode abgestumpfter Geist kann unmöglich intelligent sein und frei zu beobachten. Man hat Mantra-Yoga aus Indien eingeführt. Und Sie haben dies auch in der katholischen Welt – als das hundertmal wiederholte *Ave Maria*. Das geschieht mit einem Rosenkranz und beruhigt offensichtlich vorübergehend den Geist. Ein trüber Geist kann durch die Wörterwiederholungen zum Schweigen gebracht werden und macht dann seltsame Erfahrungen, aber sie sind vollkommen sinnlos. Ein flacher Geist, ein Geist, der verschreckt ist, ehrgeizig, gierig nach Wahrheit oder dem Reichtum dieser Welt, ein solcher Geist bleibt flach, auch wenn er bestimmte sakrale Worte noch so oft wiederholt. Wenn Sie sich selbst im Innersten erkannt, durch absichtslose Achtsamkeit etwas über sich erfahren und die Grundlage der Redlichkeit, die Ordnung ist, gelegt haben, dann sind Sie frei und akzeptieren keinerlei sogenannte spirituelle Autorität (obwohl man offensichtlich bestimmte Regeln der Gesellschaft akzeptieren muß).
Denn nur dann können Sie herausfinden, was Meditation ist. In der Meditation liegt große Schönheit, sie ist etwas Außerordentliches, wenn Sie wissen, was Meditation ist – nicht »*wie* man meditiert«. Das »Wie« setzt eine Methode voraus, fragen Sie also niemals nach dem »Wie«; es gibt Leute, die nur allzu bereitwillig irgendeine Methode anbieten. Meditation ist vielmehr die bewußte Wahrnehmung von Angst, das Erkennen der Voraussetzungen, der Struktur und des Wesens der Lust, das Verständnis des eigenen Selbst und folg-

lich die Grundlegung von Ordnung, das ist Tugend, in der die Qualität jener Disziplin liegt, die weder Unterdrückung, Kontrolle noch Nachahmung ist. Ein solcher Geist ist im Zustand der Meditation.

Meditieren bedeutet sehr klar zu sehen, und es ist nicht möglich, klar zu sehen oder sich vollkommen auf das Gesehene einzulassen, wenn zwischen dem Beobachter und dem Beobachteten ein Zwischenraum liegt. Das heißt, wenn Sie eine Blume erblicken, die Schönheit eines Gesichts, einen lieblichen Abendhimmel oder einen Vogel im Flug, dann besteht Zwischenraum – nicht nur physisch, sondern auch psychisch – zwischen Ihnen und der Blume, zwischen Ihnen und der Wolke, die voller Licht und Herrlichkeit ist; es ist ein Zwischenraum vorhanden – psychisch gesehen. Wenn dieser Zwischenraum vorhanden ist, herrscht Konflikt, und diesen Zwischenraum schafft das Denken, das der Beobachter ist. Haben Sie jemals eine Blume ohne Zwischenraum angeschaut? Haben Sie jemals etwas sehr Schönes ohne den Zwischenraum zwischen Beobachter und Beobachtetem, zwischen Ihnen und der Blume gesehen? Wir betrachten eine Blume durch einen Filter aus Wörtern, durch den Filter des Denkens, der Sympathie und Antipathie, und wünschen, diese Blume stände in unserem Garten, oder wir erklären: »Wie schön sie ist.« In dieser Beobachtung während Ihres Anschauens liegt die Spaltung, die durch das Wort, durch unser Gefühl der Zuneigung, des Vergnügens geschaffen wird, und so ergibt sich eine innere Aufspaltung zwischen Ihnen und der Blume, und es kommt nicht zur unmittelbaren Wahrnehmung. Aber ohne diesen Zwischenraum sehen Sie die Blume, wie Sie sie noch nie gesehen haben. Ohne Denken, ohne botanische Informationen über die Blume, ohne Sympathie und Antipathie, sondern nur in vollständiger Aufmerksamkeit werden Sie erleben, daß der Zwischenraum verschwindet, und so werden Sie zu der Blume, zu dem Vogel im Flug, zu der Wolke oder zu jenem Gesicht in vollkommener Beziehung stehen.

Und wenn der Geist sich in einem solchen Zustand befindet, daß der Raum zwischen Beobachter und Beobachtetem verschwindet und der Gegenstand folglich sehr klar, leidenschaftlich und intensiv geschaut wird, dann ist der Zustand der Liebe da; und mit dieser Liebe verbindet sich Schönheit.

Wissen Sie, wenn man etwas sehr liebt – nicht mit dem Blick der

Lust oder des Schmerzes –, wenn man wirklich liebt, verschwindet der Zwischenraum, sowohl physisch als auch psychisch. Dann gibt es kein Ich und kein Du. Wenn Sie bei dieser Meditation bis dahin gelangt sind, werden Sie jenen Zustand der Stille finden, der nicht das Ergebnis des »Stille suchenden Denkens« ist. Es handelt sich um zwei verschiedene Dinge, nicht wahr? Denken kann sich zum Schweigen bringen – ich weiß nicht, ob Sie das schon einmal versucht haben. Wir bekämpfen das Denken, weil wir sehr wohl sehen, daß es weder Frieden in der Welt noch im Inneren – also keine Glückseligkeit – geben kann, wenn das Denken nicht zur Ruhe kommt. So versuchen wir auf verschiedenen Wegen, das Denken durch Drogen, durch Beruhigungsmittel, durch das Wiederholen von Worten stillzulegen. Aber das Schweigen des Gehirns, das durch das Denken stillgelegt ist, läßt sich nicht mit jener Stille vergleichen, welche die Freiheit bringt – Freiheit von all den Dingen, über die wir gesprochen haben. Diese Stille, von ganz anderer Qualität als die Stille, die das Denken bewirkt, hat eine andere Dimension. Dies ist ein anderer Zustand, den Sie für sich selbst herausfinden müssen; niemand kann für Sie die Tür öffnen, und kein Wort, keine Beschreibung vermag das Unermeßbare zu messen. Wenn man sich also nicht auf diese lange Reise begibt – die überhaupt nicht lang, sondern unmittelbar ist –, hat das Leben sehr wenig Sinn. Und wenn Sie es tun, werden Sie selbst herausfinden, was heilig ist.

Möchten Sie Fragen stellen? Ist dieses Schweigen nicht besser als Fragen? Wenn Sie innerlich still sind, ist das nicht besser als irgendeine Frage und Antwort? Wenn Sie wirklich still sind, dann besitzen Sie Liebe und Schönheit – die Schönheit, die nicht in dem Bauwerk, in dem Gesicht, in der Wolke, in dem Wald liegt, sondern in Ihrem Herzen. Diese Schönheit entzieht sich der Beschreibung, sie liegt jenseits des Ausdrucks. Und wenn Sie diese Schönheit haben, ist jede Frage überflüssig.

Vier Reden an der Stanford-Universität

1

Es wird immer schwieriger, in dieser Welt im Frieden zu leben, ohne sich in ein Kloster oder in eine abgekapselte Ideologie zurückzuziehen. Die Welt ist in solcher Unordnung, und es gibt so viele Theorien und spekulative Vorschläge, wie man leben und was man tun soll. Die Philosophen haben sich schon so lange damit beschäftigt, haben ihre Ideen ausgesponnen, was der Mensch ist und was er tun soll. Wenn man durch die Welt reist – nicht als ein Philosoph oder als ein Mensch, der durch viele Ideologien bedrängt wird oder der an gar nichts glaubt, dann fragt man sich, ob Menschen sich überhaupt ändern können.

Wer diese Frage stellt (und ich bin sicher, daß diejenigen unter uns, die ein wenig besinnlicher und ernsthafter sind, sie stellen), dem wird bedeutet, daß wir zuerst die Welt ändern müssen – das heißt die soziale Struktur mit ihrer Ökonomie – und daß es eine globale Veränderung, eine globale Revolution sein müsse, nicht eine Veränderung, die nur einen Teil der Welt betrifft. Dann, so heißt es, wird der einzelne Mensch es nicht nötig haben, für sich überhaupt Veränderungen anzustreben: Er wird sich auf natürliche Weise ändern. Die Umstände würden dann die richtige Beschäftigung, Freizeit, Beziehung, Rücksichtnahme, Liebe, richtiges Verständnis und so weiter bewirken. Das heißt also, es gibt Menschen, die mit solchen Argumenten eine Veränderung der Umwelt befürworten – und zwar auf globaler Ebene –, dergestalt, daß der Mensch, der ein Geschöpf dieser Umwelt ist, sich ebenfalls auf natürliche Weise ändern wird.

Wir haben es also mit dieser Spaltung zwischen innen und außen zu tun, wobei als das Außen die Umwelt gilt, die Gesellschaft. Wenn man die letztere weitgehend revolutionierte, so erklären sie, wird dies auch zu einer Wandlung des Individuums führen: des Du und des Ich. Die Spaltung wurde seit Tausenden von Jahren aufrechterhalten, die Trennung also zwischen dem, was Geist genannt wird,

und dem, was das Weltliche, die Materie ist – zwischen dem Religiösen und dem sogenannten Weltlichen. Diese Spaltung ist in sich äußerst destruktiv, weil sie Zerrissenheit erzeugt und eine Reihe von Konflikten mit sich bringt: Wie das Innen sich dem Außen anpassen und wie das Außen das Innen gestalten kann. Das war immer das Problem. Die ganze kommunistische Welt leugnet das Innen. Ihre Anhänger erklären: »Macht euch darüber keine Sorgen, das kommt von selbst in Ordnung, wenn alles perfekt und bürokratisch organisiert ist.«

Außerdem läßt sich beobachten, daß der Mensch mit all seinen Sorgen, mit seiner Gewalttätigkeit, Angst, Habgier und seiner unaufhörlichen Konkurrenzsucht eine bestimmte Struktur geschaffen hat, die wir als Gesellschaft bezeichnen, eine Gesellschaft mit ihrer Moral und ihrer Gewalt. So ist man als Mensch für alles verantwortlich, was in der Welt geschieht: für die Kriege, die Konfusion, die inneren und äußeren Konflikte. Jeder einzelne von uns ist verantwortlich, doch ich bezweifle, daß die meisten von uns dies überhaupt empfinden, intellektuell, verbal akzeptieren wir das vielleicht; aber fühlen wir uns *tatsächlich* für den Krieg verantwortlich, in Vietnam oder im Mittleren Osten, für den Hunger im Osten und all das Elend, die Zerrissenheit, die Konflikte? Ich bezweifle es. Wenn wir uns verantwortlich fühlten, würde unser gesamtes Erziehungssystem anders aussehen. Da dies nicht der Fall ist, lieben wir offensichtlich unsere Kinder nicht. Denn wenn wir es täten, gäbe es morgen keinen Krieg mehr. Dann würden wir dafür sorgen, daß eine andere Kultur, eine andere Erziehung entwickelt würde.

Unsere Frage lautet daher, ob der Mensch zu dem Gefühl veranlaßt werden kann – nicht gewaltsam, nicht durch Sanktion oder Einschüchterung –, daß er sich *vollkommen* wandeln muß. Wenn er sich wandelt, wird er eine Welt schaffen (oder vielmehr fortsetzen), in der Elend, Leiden, Tod und Verzweiflung vorherrschen; und kein noch so großer Aufwand an Theorien, keine theologischen Spekulationen oder bürokratischen Sanktionen werden dieses Problem lösen. Was ist also zu tun? Was soll der Mensch angesichts all dieser Konfusion, Zwietracht, Feindseligkeit, Gewalt und Brutalität tun? Wie soll er handeln? Ich frage mich, ob man sich diese Frage ernsthaft stellt – nicht sentimental oder romantisch, auch nicht bloß in einem begeisterten Augenblick, sondern als eine in ihrem ganzen Ernst immer

gegenwärtige Frage. Und ich frage mich, welche Antwort wir darauf geben. Möglicherweise erklären wir, ein so tiefgreifender, unmittelbarer und grundlegender Wandel, der eine neue Gesellschaft schaffen würde, sei nicht möglich. Doch in dem Augenblick, in dem Sie sagen, daß es nicht möglich sei, haben Sie die Frage entschieden: Sie haben sich blockiert. Wenn man dagegen sagt, es sei möglich, ist man mit der Frage konfrontiert, wie man eine seelische Revolution in sich selbst bewirken kann. Was soll man also tun? Soll man sich entziehen, indem man sich einem sektiererischen Glauben hingibt oder davonläuft in ein Kloster, wo man Zen-Buddhismus praktiziert? Indem man sich einem neuen Kult oder einer Sekte anschließt, die einem das Blaue vom Himmel verspricht?

Angesichts dieser außerordentlichen Zerrissenheit der Welt in Nationalitäten und Religionen, in Hindus, Buddhisten, Christen, Katholiken, und angesichts der Spaltung in Rassen mit ihren Vorurteilen, angesichts unseres Bewußtseins, das durch die Propaganda der Kirche, der heiligen Bücher, der Philosophen und Theoretiker so nachhaltig konditioniert wurde – angesichts all dessen fragt man sich: »Was soll ich als einzelner, als mit der Welt in Beziehung stehender Mensch tun – was kann ich tun?« Wenn man sich diese Frage stellt, muß man außerdem fragen: »Was heißt handeln?« Wir fragen: »Was soll ich tun und in welcher Beziehung soll ich etwas tun?« Sollen wir uns nur mit einem Segment, einem Bruchstück dieses gesamten Daseins beschäftigen? Sollen wir uns nur einem Teil dieser gesamten Existenz, dieses ganzen Lebens widmen und hinsichtlich dieses Fragments als Experte handeln? Wenn wir dieses ganze Leben betrachten – das Leben menschlichen Leidens, menschlicher Verwirrung, völliger Beziehungslosigkeit, selbstisolierender Denkvorgänge, der Gewalttätigkeit, der Brutalität unseres Lebens mit all seinen Ängsten, Sorgen, Tränen, dem Tod und dem äußersten Mangel an Barmherzigkeit – wenn wir all das sehen, werde ich, werden Sie sich dann mit dem *Ganzen* oder nur einem Teil davon beschäftigen? Um das Ganze anzugehen, um sich ganz darauf einzulassen, müssen wir unserer selbst bewußt werden, wie wir sind – nicht, wie wir gern sein möchten; müssen wir uns unseres Geistes bewußt werden; müssen uns dessen bewußt sein, daß wir gewalttätige, brutale, habgierige Menschen sind, und uns fragen, ob das unmittelbar transformiert werden kann. Den ideologischen Zustand der Gewaltlosigkeit, Freiheit, Liebe gibt

es nicht; das ist nur eine Idee. Was existiert, ist das, was ist. Kann »was ist« transformiert werden – doch nicht so, daß wird, »was sein sollte«? Wir sind so konditioniert, daß wir nach dem, »was sein sollte«, streben, dem Ideal, und mir erscheint das als solche Energieverschwendung, nach dem Idealen, dem Vollkommenen, dem außergewöhnlichen Zustand, den man sich vorstellt, zu streben. Wenn Sie nach dem Ideal streben, nach dem, »was sein sollte«, ist das Energieverschwendung, Flucht vor dem, »was ist«. Kann der Geist, der so nachhaltig konditioniert wurde, das Ideal zu akzeptieren, es vollkommen ausschalten und dem, »was ist«, ins Auge sehen? Denn wenn wir das Falsche ausschalten, haben wir die Energie der Wahrheit dessen, »was ist«. Das heißt, die Natur des Menschen, sein animalisches Erbe, ist aggressiv, gewalttätig, zornig, voller Haß und Eifersucht, während das Ideal fordert, gewaltlos zu sein. Und dieses Ideal wiederum haben wir in weite Ferne gerückt. Und wenn wir es richtig überlegen, vertun wir unsere Zeit und Energie damit, gewaltlos zu werden. Man kann an sich selbst beobachten, wie stark wir konditioniert sind. Da ist dieser Konflikt zwischen dem, »was ist«, und dem, »was sein sollte«, ein Konflikt, wie er immer besteht, wenn irgendeine Form von Spaltung oder Trennung herrscht. Es gibt Konflikte in unseren Beziehungen, weil jeder von uns sich mit seinen Tätigkeiten isoliert.

Wie also kann ein so stark konditionierter Geist, der jetzt dem gegenübersteht, »was ist« – nämlich der Gewalt, dem Haß, dem Zorn und allem anderen –, wie kann dieser Geist transformiert werden? Das ist die eigentliche Grundfrage, die uns, psychologisch gesehen, alle berührt. Und wie kann dieses Gefühl von Trennung aufhören, so daß wir echte Beziehungen aufnehmen können? Denn erst dann, wenn es keine Teilung mehr gibt, herrscht kein Konflikt mehr.

Wir erkennen, daß der Mensch in seinem Streben, das, was ist, zu transformieren, eine Macht außerhalb seiner selbst erfunden hat. Obwohl er weiß, daß er gewalttätig, brutal, zornig und eifersüchtig ist und daß es zu lange dauern würde, vollkommen zu werden, weiß er nicht, was er tun soll. Daher erfindet er eine Macht außerhalb von sich, ausgestattet mit aller Autorität: Gott, ein Ideal, einen Guru, einen Lehrmeister und so fort – jemanden, der ihm sagen soll, was er zu tun hat, damit er in Frieden und ohne Konflikte leben kann. Wenn man jedoch jede Autorität ablehnt – und das muß man, weil

Autorität mit Angst einhergeht –, wenn man also auf den Guru, den Lehrer, die Macht da draußen verzichtet, dann ist man auf sich selbst gestellt. Und das ist etwas äußerst Erschreckendes: mit sich allein zu sein – ohne neurotisch zu werden oder allen möglichen emotionalen Störungen zu verfallen. Wenn man jede Autorität ablehnt – und so sein eigener Lehrer und Schüler wird, und nicht der eines anderen –, wo befindet man sich dann? Wenn man keine Ideale hat und niemanden, der einen anleitet – da all diejenigen, die andere anzuleiten versuchen, die Menschen nur in die Irre geführt haben, so daß sie weiterhin unglücklich, verwirrt, voll Sorge und Angst sind –, wenn Sie so weit gekommen sind, wo stehen Sie dann? Wenn man den Guru, den Lehrer, die Autorität, das Ideal von sich weist – wenn man psychisch *wirklich* von niemandem abhängig ist –, was soll man dann tun? Kann man irgend etwas tun?
Wissen Sie, es ist ziemlich einfach, sich verbal zu verständigen. Wenn wir uns derselben Sprache bedienen und den Worten bestimmte Bedeutungen geben, dann ist Kommunikation ziemlich einfach. Meines Erachtens ist es jedoch wichtiger, über diese Probleme miteinander in Kommunion zu kommen. Beim Problem des Lebens und der Lebensweise sollte es daher nicht nur zur verbalen Kommunikation kommen, sondern gleichzeitig zu einer Kommunion miteinander. Dann wird es verhältnismäßig leicht sein, sich zu verständigen.
Da ist die Frage der Angst, sicherlich eines der vielschichtigsten und verwirrendsten Probleme unseres Lebens. Wie immer man die Ursachen der Angst erklären, die Struktur der Angst beschreiben mag, wir müssen wissen, daß das Wort nie die Sache, die Beschreibung nie das Beschriebene ist. Sich von dem Wort oder der Beschreibung nicht einfangen zu lassen, sondern mit dem, was wir Angst, oder dem, was wir Gewalt nennen, tatsächlich in Berührung zu kommen, bedeutet wirklich, zu dem, was ist, in unmittelbare Beziehung zu treten. Daher muß man sich der Frage der Beziehung zwischen Beobachter und Beobachtetem stellen. Nehmen wir die Angst: Unterscheidet sich der Beobachter von dem Beobachteten? Wenn der Beobachter das Beobachtete *ist*, dann ist die Beziehung unmittelbar und besitzt etwas ungemein Lebendiges, das nach Handlung drängt. Doch wenn der Beobachter mit dem Beobachteten nicht eins ist, kommt es zu Konflikten. Alle unsere Beziehungen zu anderen Men-

schen – mögen sie intim sein oder nicht – beruhen auf Spaltung und Trennung. Der Ehemann hat ein Bild von seiner Frau, und die Frau hat ein Bild von ihrem Mann. Diese Vorstellungsbilder wurden über viele Jahre durch Lust und Schmerz, durch Irritation und alles andere zusammengefügt – durch die Beziehung zwischen Mann und Frau. Daher ist die Beziehung zwischen Mann und Frau in Wirklichkeit die Beziehung zwischen den beiden Vorstellungsbildern. Sogar auf sexuellem Gebiet – außer im Akt selbst – spielt das Bild eine wichtige Rolle.

Wenn man also sich selbst beobachtet, stellt man fest, daß man in Beziehungen ständig Bilder herstellt und damit Spaltungen erzeugt. So gibt es in Wirklichkeit überhaupt keine Beziehung. Auch wenn man erklärt, man liebe seine Familie oder seine Frau, ist es doch die Vorstellung, die man liebt, und daher gibt es keine wirkliche Beziehung. Denn Beziehung heißt nicht nur physischer Kontakt, sondern außerdem ein Zustand, in dem psychisch keine Spaltung herrscht. Wenn man das einmal verstanden hat – nicht verbal, sondern *wirklich* –, was ist dann die Beziehung zwischen dem Beobachter, der sagt: »Ich habe Angst«, und der Sache selbst, die man Angst nennt? Sind das zwei verschiedene Dinge? Das führt uns zu der Frage, ob Angst durch Analyse aufgehoben werden kann. Interessiert Sie das alles?

Auditorium: Ja.

[K]: Denn wenn es Sie nicht interessiert, werde ich aufstehen und gehen, und Sie können auch weggehen. Für mich ist das eine ungeheuer ernste Angelegenheit. Ich bin kein Philosoph, kein Dozent, noch vertrete ich irgendeine alte Philosophie Indiens – Gott bewahre! (*Gelächter*)

Wenn man so häufig durch die ganze Welt gereist ist und mit vielen Leuten gesprochen hat, wird man nicht nur mit dem Elend der Welt konfrontiert, sondern auch mit der völligen Verantwortungslosigkeit der Menschen, und dann wird man natürlich sehr, sehr ernst. Das soll nicht heißen, daß man humorlos ist, aber man wird außerordentlich ernst und tief bewegt. Und man *muß* sehr ernst und tief bewegt sein, um diese Probleme im eigenen Inneren zu lösen, denn man ist die Welt, in einem selbst ist die gesamte Menschheit – obgleich wir äußerlich unterschiedliche Kleider, unterschiedliche Sitten und Gebräuche haben.

Wenn man sich um Ernsthaftigkeit bemüht, steht man also vor dem

Problem, ob das Bewußtsein wirklich für immer angstfrei sein kann und ob man die Angst durch Analyse loswerden kann – indem man sich selbst Tag für Tag analysiert oder sich, vielleicht für die nächsten zehn Jahre, professionell analysieren läßt und große Summen dafür bezahlt, sofern man so viel Geld hat. Oder gibt es einen anderen Weg, einen anderen Ansatz, mit diesem Problem umzugehen, so daß die Angst ohne Analyse verschwindet? Denn in der Analyse gibt es immer den Beobachter und das Beobachtete; das heißt den Analysierenden und den Analysierten. Und der Analysierende muß außerordentlich wach, unkonditioniert, frei von Voreingenommenheit oder verzerrter Wahrnehmung sein, damit er analysieren kann. Wenn er auch nur im geringsten verdreht ist, dann wird auch der Analysierte voreingenommen, verdreht sein. Das ist das eine Problem mit der Analyse. Das zweite besteht darin, daß es ziemlich viel Zeit in Anspruch nimmt, um alle Angstursachen allmählich und langsam, Stück für Stück auszuräumen – und bis dahin ist man schon tot. (*Gelächter*) Inzwischen lebt man im Dunkel, elend, neurotisch, richtet Unheil in der Welt an. Und selbst wenn Sie die Ursache (oder die Ursachen) der Angst entdeckt haben, hätte das irgendeinen Wert? Verschwindet die Angst, wenn ich weiß, wovor ich Angst habe? Ist die intellektuelle Suche nach der Ursache imstande, die Angst aufzulösen? All diese Probleme sind mit der Analyse verbunden, weil es zugegebenermaßen diese Trennung zwischen Analysierendem und Analysiertem gibt. Daher ist die Analyse kein Weg – offensichtlich nicht –, weil man das Warum und das Warumnicht erforscht und erkannt hat, daß die Analyse falsch ist, daß sie Zeit braucht und daß wir diese Zeit nicht haben. Psychologisch gesprochen gibt es kein Morgen: Wir haben es erfunden. Wenn Sie einsehen, daß die Analyse falsch ist, wenn Sie die Wahrheit begreifen, daß der Beobachter tatsächlich das Beobachtete ist, dann ist die Analyse auch schon zu Ende.

Sie stehen vor der Tatsache, daß Sie die Angst *sind* – kein Beobachter, der sich vor der Angst fürchtet. Sie sind der Beobachter *und* das Beobachtete; der Analysierende *und* der Analysierte. Wissen Sie, wenn Sie einen Baum sehen, wenn Sie einen Baum wirklich angeschaut haben – nicht verbal, sondern wirklich –, dann merken Sie, daß zwischen Ihnen und dem Baum nicht nur ein physischer, sondern auch ein psychischer Raum liegt. Dieser Raum wird von dem

Bild hervorgerufen, das Sie sich von dem Baum, »der Eiche« oder wovon auch immer, gemacht haben. Es gibt also eine Trennung zwischen Beobachter und Beobachtetem, dem Baum. Kann diese Trennung oder dieser Raum verschwinden? Nicht, daß Sie der Baum werden, das wäre zu absurd und hätte keinen Sinn, aber wenn der Raum zwischen Beobachter und Baum verschwindet, dann sehen Sie den Baum auf eine ganz neue Weise. Ich weiß nicht, ob Sie das je versucht haben.

[F]: Was meinen Sie genau, wenn Sie sagen, daß der Raum zwischen Ihnen und dem Baum verschwindet?

[K]: Einen Augenblick, lassen Sie mich erst zu Ende reden, und danach können Sie mir Fragen stellen, was Sie hoffentlich tun werden. Analyse setzt den genannten Raum voraus, und daher kommt es zu keinem unmittelbaren Kontakt oder zur Beziehung zwischen dem Analysierenden und dem Analysierten. Aber erst bei *unmittelbarem* Kontakt mit dem, was wir Angst nennen, ergibt sich ein völlig anderes Handeln. Sehen Sie, wenn Sie einen anderen Menschen beobachten – Ihre Frau, Ihren Freund, Ehemann –, beruht diese Beobachtung dann auf Ihrer angesammelten Kenntnis der betreffenden Person? Wenn dem so ist, dann führt diese Kenntnis zur Trennung, sie grenzt ab: So entsteht Konflikt und daher keine Beziehung. Können Sie also einen anderen anschauen – natürlich können Sie den Sprecher anschauen, weil er wieder geht und keine unmittelbare Beziehung zu Ihnen hat –, aber können Sie ohne diesen räumlichen Abstand Ihre Frau, Ihre Kinder, Ihren Nachbarn oder Ihren Politiker anschauen? Wenn Sie dazu imstande sind, werden Sie die Dinge ganz anders betrachten.

Wissen Sie, mir haben ziemlich ernstzunehmende Leute, die gewisse Drogen genommen haben – nicht zur Unterhaltung, Anregung oder um Visionen hervorzurufen, sondern um zu erfahren, was dabei wirklich geschieht –, diese Leute haben mir gesagt, daß der Raum zwischen Leuten, die Drogen genommen haben, und der Blumenvase auf dem Tisch verschwindet und daß sie deshalb die Blume, deren Farbe äußerst intensiv wahrnehmen und daß in dieser Intensität eine Qualität liege, die sie noch nie erlebt hätten. Wir befürworten nicht – ich jedenfalls nicht –, daß Sie Drogen nehmen, aber, wie gesagt, solange es in einer Beziehung einen räumlichen Abstand gibt – ob zwischen Analysierendem und Analysiertem, Be-

obachter und Beobachtetem, zwischen dem, der die Erfahrung macht, und dem, was er erfährt –, so lange muß es Konflikte, muß es Schmerz geben.

Wenn man dies also wirklich begriffen hat – nicht als eine Idee, nicht als verbalen Austausch, sondern wenn man es wirklich empfunden hat –, wird man sehen, daß diese Gewalt, die man zuvor zwischen Beobachter und Beobachtetem gespürt hat, dieses Gefühl von Zorn und Haß einen ungeheuren Wandel durchmacht: Es ist nicht mehr das, was es war, ein ständiger Konflikt von der Kindheit bis zum Tode, ein ständiges Schlachtfeld in den Beziehungen, sei es im Büro oder in der Familie. In einem Konflikt zu stehen, ohne ihn beheben zu können, löst Angst aus. Angst herrscht auch dort, wo Vergnügen ist. Wir jagen immer dem Vergnügen nach: das ist es, was wir wollen, immer mehr und mehr Vergnügen. Und wenn wir nach Vergnügen streben, müssen sich Schmerz und Angst unweigerlich einstellen.

Unsere Frage an diesem Nachmittag lautet also, ob der menschliche Geist imstande ist, sich selbst zu transformieren, nicht in der Zeit, sondern außerhalb der Zeit. Das heißt, ob es eine große innere, seelische Revolution ohne die Vorstellung von Zeit geben kann. Das Denken *ist* schließlich Zeit, nicht wahr? Das Denken, eine Reaktion auf Erinnerung, Wissen und Erfahrung, kommt aus der Vergangenheit. Das kann man bei sich selbst als Tatsache, nicht als Theorie beobachten. Das Denken denkt darüber nach, wovor es Angst hat oder was ihm Lust verschafft hat, und das Denken über Lust und Schmerz spielt sich im Bereich der Zeit ab. Das liegt auf der Hand. Man empfindet Vergnügen beim Beobachten des Sonnenunterganges oder durch verschiedene andere Formen der Erregung und des Genießens und so weiter. Das Denken befaßt sich mit dem, was Erregung, Genuß verschafft hat. Bitte, beobachten Sie es: Sie können es selbst sehen, so einfach ist das. Das Denken darüber verleiht dem, was man genossen hat, Dauer. Gestern war dieser wundervolle Sonnenuntergang. Statt mit diesem Sonnenuntergang von gestern aufzuhören, denken wir weiter an ihn, und durch diese Denktätigkeit hinsichtlich dieses Ereignisses entsteht Zeit. Das heißt, ich hoffe, daß ich diese Lust morgen wieder verspüren werden. Daher erzeugt Denken sowohl Lust wie Schmerz. Daraus ergibt sich dann die viel weitergehende Frage: ob das Denken über-

haupt schweigen kann. Denn nur dann findet eine wirkliche Transformation statt.

Möchten Sie jetzt Fragen stellen?

[F]: Sie sprachen über Verantwortung, aber vielleicht bin ich für mein Denken gar nicht verantwortlich. Jede Veränderung, die ich herbeiführen möchte, muß durch Gedanken geschehen, und vielleicht bin ich für meine Gedanken gar nicht verantwortlich. Ich kann ja nicht bestimmen, was ich denke.

[K]: Was verstehen Sie unter dem Wort »verantwortlich«, Sir? Und ist dieses Verantwortungsgefühl das Produkt des Denkens?

[F]: Nein, und zugleich ja.

[K]: Schauen Sie, ist Liebe das Resultat des Denkens?

[F]: Nein.

[K]: Ah, warten Sie! Gehen Sie langsam vor. (*Gelächter*) Denn wenn Sie nein sagen, welchen Platz hat das Denken, wenn Sie lieben?

[F]: Das würde voraussetzen, daß ich Liebe verstehe.

[K]: Warten Sie, Sir – darum habe ich gefragt, ob Liebe Vergnügen ist. Wenn sie Vergnügen ist, dann ist sie ein Produkt des Denkens. Dann kann das endlos kultiviert werden – was wir auch tun. Aber Liebe kann nicht kultiviert werden. Daher ist Liebe nicht das Produkt des Denkens. Und wenn Liebe vorhanden ist, was ist dann Verantwortung? Bitte, gehen Sie langsam vor. Wenn Verantwortung auf Denken und Vergnügen beruht, dann kommt Pflicht und alles andere ins Spiel. Wenn Liebe aber nicht Vergnügen ist – und dem muß man sehr, sehr sorgfältig nachgehen –, hat Liebe dann (wenn ich dieses Wort gebrauchen darf) Verantwortung im gängigen Sinn des Wortes? Ich liebe meine Familie, daher bin ich verantwortlich für meine Familie. Beruht diese Liebe auf Vergnügen? Wenn dem so ist, dann gewinnt das Wort Verantwortung eine ganz andere Bedeutung: Dann gehört die Familie mir, ich besitze sie, ich bin abhängig von ihr. Ich muß für sie sorgen. Dann bin ich eifersüchtig, denn wo Abhängigkeit herrscht, sind Angst und Eifersucht. Wir verwenden also das Wort »Liebe«, wenn wir sagen: »Ich liebe meine Familie, ich bin für sie verantwortlich.« Aber wenn Sie es etwas genauer betrachten, entdecken Sie, daß Kinder dazu erzogen werden zu töten, daß sie auf diese besondere Weise erzogen werden, damit sie immer in der Lage sind, ihren Lebensunterhalt zu verdie-

nen, eine Stellung zu bekommen, als ob das der Sinn des Lebens wäre. Ist dies alles also Verantwortung?

[F]: Wir können nicht wirklich Willen haben, denn was wir wollen, wird von unserer Konditionierung bestimmt.

[K]: Sir, was ist Wille? Sehen Sie bitte ein, daß diese Fragen längerer Erklärung bedürfen, und dann langweilen sich alle oder sie müssen fortgehen. Wir machen lieber Schluß.

Auditorium: Sie müssen nur gehen – ihnen ist es nicht langweilig. Familienverpflichtungen!

[K]: Sie sind nicht verantwortlich dafür, daß die Leute gehen? (*Gelächter*) Schön! Sehen Sie, wir haben Willen ausgeübt, um Erfolg zu haben, um Macht, Stellung, Prestige zu erlangen. Sie haben Willen ausgeübt, um zu dominieren. Der Wille hat in unserem Leben eine große Rolle gespielt. Und wie Sie sagen, ist dies auf die Gesellschaft, die Umwelt, die Kultur, in der wir leben, zurückzuführen. Doch die Kultur, in der wir leben, wurde umgekehrt von Menschen gemacht, und so müssen wir fragen, ob der Wille überhaupt einen Platz darin hat. Denn zum Willen gehören Konflikt, Kampf, Widerspruch: »Ich bin dies, und das muß ich sein. Und um das zu werden, muß ich meinen Willen einsetzen.« Wir stellen die Frage, ob es nicht eine ganz andere Art des Handelns gibt, ohne Willen.

[F]: Wenn man keinen Willen gebraucht, muß man dann nicht Denken einsetzen?

[K]: Schauen Sie, ich will Ihnen etwas zeigen. Wenn Sie eine Gefahr erkennen, geht es da um den Einsatz von Denken oder Willen? Man handelt unmittelbar. Dieses Handeln mag das Ergebnis vergangenen Denkens sein. Wenn Sie einen Abgrund, eine Schlange, etwas Gefährliches sehen, handeln Sie sofort. Diese Handlung kann das Resultat vergangener Konditionierung sein. Stimmt's? Man hat Ihnen gesagt, daß es gefährlich ist, sich einer Schlange zu nähern, und das wurde zu einer Erinnerung, einer Konditionierung, und Sie handeln entsprechend. Nun, wenn Sie die Gefahr des Nationalismus erkennen – der Kriege ausheckt, Nationen mit eigenen Regierungen, eigenen Armeen und allen anderen schrecklichen Abgrenzungen, die in der Welt vorkommen –, wenn Sie die wirkliche Gefahr des Nationalismus sehen – das heißt, nicht intellektuell oder verbal, sondern *wirklich* seine Gefahr, sein destruktives Wesen sehen –, ist das ein Willensakt? Braucht Wahrnehmung – das Erkennen

einer Sache als falsch oder wahr – das Denken? Ist Güte das Resultat des Denkens – oder Schönheit oder Liebe? Und kann Denken jemals neu sein? Denn Liebe muß neu sein, Liebe kann nicht etwas sein, das sich Tag für Tag zwischen der Familie und in der Familie abspielt, als eine Art von Privatbesitz. Denken ist andererseits immer alt. Können wir also ohne die Ausübung von Willen die Dinge so klar sehen, daß keine Verwirrung entsteht und daß es folglich zu einem vollständigen Handeln kommt?

[F]: Vollständiges Handeln kann ästhetisch erfreulich sein.

[K]: Ich weiß nicht, was Sie unter »vollständigem Handeln« verstehen. Warum nennen wir etwas ästhetisch schön, was zu anderen Zeiten auch sehr gefährlich sein kann? Was verstehen wir unter »vollständigem Handeln«? Nehmen wir etwas sehr Einfaches: Beim *vergleichenden* Handeln – das heißt, wenn man vergleicht, welche Handlungsweise die bessere ist – findet ein Messen statt, und das Gute kommt zu einem Ende. Nicht wahr? Nein? Wo Vergleiche angestellt werden, hört das Gute auf. Um gut zu sein – bitte beachten Sie, daß wir dieses Wort nicht im bürgerlichen Sinn verwenden –, um vollständig gut zu sein, muß man vollständig aufmerksam sein; muß Ihr ganzer Körper – Augen, Ohren, Herz, alles – aufmerksam sein. Wenn Sie lieben, gibt es kein weniger oder mehr. Das ist vollständiges Handeln.

[F]: Kann ich meine Vorstellungen oder mein Denken ändern, wenn die anderen zum Beispiel jeden Tag, den ich ins Büro gehe, von mir erwarten, daß ich ehrgeizig, habgierig und ängstlich bin; wenn man mich unter Druck setzt, damit ich so bin, und mir zeigt, daß ich tatsächlich kleinlich, habgierig, ehrgeizig und ängstlich bin. Kann ich mich verändern, wenn ich feststelle, daß ich so nicht sein will?

[K]: Kann ich, wenn ich einer Struktur angehöre, die von mir verlangt, daß ich ängstlich, aggressiv, raffgierig bin, kann ich dann ins Büro gehen, ohne ehrgeizig zu sein? Wenn ich nicht ehrgeizig bin, nicht habgierig, ganz und gar nicht – das heißt, tatsächlich und völlig nicht-habgierig, nicht nur verbal –, dann kann nichts mich habgierig machen, weil ich Wahrheit und Falschheit der Habgier erkannt habe. Wenn ich das klar erkannt habe, kann ich ins Büro gehen und nicht zerstört werden, nicht wahr? Nur wenn ich teilweise habgierig bin (*Gelächter*), bin ich gefangen. Deshalb muß man vollständig sein

– nämlich vollständig aufmerksam, so daß in dieser Aufmerksamkeit eine Güte liegt, die nicht vergleichend, nicht meßbar ist. Wenn der Geist nicht habgierig ist, dann wird keine Struktur ihn habgierig machen.

[F]: Wie halte ich die Aufmerksamkeit in einer schmerzhaften Situation aufrecht, wenn ich diesen schmerzhaften Vorfall instinktiv abblocken möchte?

[K]: Zunächst einmal möchte ich überhaupt nichts abblocken. Weder Lust noch Schmerz. Ich möchte das verstehen, es anschauen, ihm nachgehen. Etwas abblocken heißt, Widerstand leisten; und wo Widerstand ist, ist Angst. Das Gehirn, der Geist wurden darauf konditioniert, Widerstand zu leisten. Kann der Geist also die Wahrheit erkennen, daß jeder Widerstand eine Form von Angst ist? Das heißt, daß ich dem, was man Widerstand nennt, Aufmerksamkeit zuwenden muß, daß ich gegenüber dem Widerstand – also abzublocken, zu flüchten, zu trinken, nach Drogen zu greifen – vollkommen aufmerksam sein muß.

[F]: Wie lange halten Sie das durch?

[K]: Es ist keine Frage der Dauer, der Länge der Zeit. Verstehen Sie? Sie denken immer noch im Sinn von wie lange.

[F]: Meine Konditionierung.

[K]: Achten Sie darauf, Madame, bitte achten Sie darauf, Sie schmeicheln mir oder beleidigen mich: das ist lustvoll oder schmerzhaft. Ich möchte das Lustvolle und schalte das Schmerzhafte aus oder leiste ihm Widerstand. Wenn ich aber aufmerksam bin, wird mir klar sein, wenn man mir eine Beleidigung oder eine Schmeichelei anbietet; ich werde es sehr klar erkennen. Damit ist es erledigt, nicht wahr? Wenn Sie mir das nächste Mal schmeicheln oder mich beleidigen, wird es mich nicht mehr berühren. Es geht nicht darum, die Aufmerksamkeit aufrechtzuerhalten. Wenn Sie Aufmerksamkeit aufrechterhalten wollen, dann halten Sie Unaufmerksamkeit aufrecht. Richtig? Bitte, lassen Sie sich ein wenig darauf ein. Ein aufmerksamer Geist fragt nicht: »Wie lange werde ich aufmerksam sein?« (*Gelächter*) Nur der unaufmerksame Geist, der erfahren hat, was es heißt, aufzumerken, stellt die Frage: »Kann ich immer aufmerksam sein?« Worauf man also aufmerksam sein muß, ist die *Unaufmerksamkeit*. Richtig? Der Unaufmerksamkeit bewußt zu sein, nicht zu fragen, wie man Aufmerksamkeit aufrechterhalten

kann. Nur sich klarzumachen, daß ich unaufmerksam bin, daß ich Dinge sage, die ich nicht meine, daß ich unehrlich bin; nur aufmerksam sein. Unaufmerksamkeit erzeugt Unheil, nicht Aufmerksamkeit. Wenn der Geist sich der Unaufmerksamkeit bewußt ist, dann ist er bereits aufmerksam – mehr braucht es nicht.

[F]: Was würden Sie sagen, wenn Sie genau wüßten, was Sie tun sollen, und wenn eine Handlungsweise jemandem schaden würde, für andere aber von Vorteil wäre?

[K]: Wenn Sie etwas klar als wahr erkennen – und Klarheit ist immer wahr –, gibt es kein anderes Handeln als das Handeln in Klarheit. Ob es weh tut oder nicht, ist irrelevant. Sehen Sie, Nationalismus ist Gift: Er hat Kriege und Haß hervorgerufen und wird das auch weiterhin tun. Nicht nationalistisch eingestellt zu sein, wird eine ganze Menge Menschen kränken: das Militär, den Politiker, den Priester, alle Fahnenschwinger der Welt. Und trotzdem weiß ich, daß Nationalismus etwas Gräßliches ist, ich betrachte ihn als Gift. Was soll ich tun? Ich will selbst nichts damit zu tun haben. In mir habe ich jeglichen Nationalismus vollständig getilgt. Doch das Militär wird sagen: »Sie verletzen uns.« Wenn man erkennt, was falsch und was wahr ist und danach handelt, dann stellt sich nicht die Frage, ob man jemanden kränkt oder erfreut. Wenn Sie erkennen, daß die organisierte Religion keine Religion ist, was werden Sie dann tun? In die Kirche gehen, um den Leuten eine Freude zu machen? Vielleicht kränkt es meine Mutter, wenn ich nicht gehe. Sir, *wichtig ist*, nicht was verletzt und was erfreut, sondern das Wahre zu erkennen. Und dann wird diese Wahrheit handeln, nicht Sie.

2

Wir erklärten gestern, daß unser ganzes Leben ein ständiger Kampf ist. Vom Augenblick unserer Geburt bis zu unserem Tod ist unser Leben ein Schlachtfeld. Und man fragt sich, nicht abstrakt, sondern wirklich, ob dieses Kämpfen ein Ende finden und ob man in vollkommenem Frieden leben kann, nicht nur innerlich, sondern auch äußerlich. Obgleich es eine solche Trennung zwischen innen und

außen in der Wirklichkeit nicht gibt – sie ist vielmehr eine Bewegung –, wird diese Trennung dennoch als existent angesehen, nicht nur als Aufteilung in die Welt innerhalb und außerhalb der Haut, sondern auch als Abgrenzung zwischen dir und mir, uns und den anderen, Freund und Feind, und so weiter. Wir ziehen einen Kreis um uns: einen Kreis um mich und einen Kreis um dich. Hat man den Kreis einmal gezogen – sei es der Kreis von mir und dir oder der Familie, der Nation, der religiösen Dogmen und Glaubensformeln, der Kreis des Wissens, den man um sich herum spinnt –, dann trennen uns diese Kreise voneinander, und daraus entsteht diese ständige Abgrenzung, die unweigerlich zu Konflikten führt. Nie überschreiten wir diesen Kreis, schauen nie darüber hinaus. Wir fürchten uns davor, unseren eigenen kleinen Kreis zu verlassen und den um einen anderen gezogenen Kreis, die Barriere, zu entdecken. Und ich denke, daß damit der ganze Prozeß, Struktur und Natur der Angst beginnt. Man errichtet eine Barriere um sich und grenzt damit aufs sorgfältigste eine Privatwelt ab, die aus Formeln, Begriffen, Worten und Überzeugungen besteht. Man lebt innerhalb dieser Mauern und fürchtet sich herauszutreten. Diese Abgrenzung führt nicht nur zu verschiedenen Formen neurotischen Verhaltens, sondern auch zu einer Menge von Konflikten. Und wenn wir doch einen Kreis, eine Mauer verlassen, dann errichten wir eine neue Mauer um uns. So kommt es zu diesem ständigen, andauernden Widerstand, bestehend aus vorgefaßten Begriffen, und man fragt sich, ob es nicht möglich sei, überhaupt keine Abgrenzungen zu haben – alle Abgrenzungen aufzuheben und damit alle Konflikte zu beenden.

Unser Geist ist von Formeln geprägt: meine Erfahrungen, mein Wissen, meine Familie, mein Land, Sympathie und Ablehnung, Haß, Eifersucht, Neid, Kummer, die Angst vor diesem oder jenem. Das ist der Kreis, die Mauer, hinter der ich lebe. Und ich fürchte mich nicht nur vor dem, was innerhalb, sondern noch mehr vor dem, was außerhalb der Mauer liegt. Man kann diese Tatsache ganz einfach bei sich selbst beobachten, ohne eine Menge Bücher lesen zu müssen, ohne Philosophie zu studieren und all das andere. Weil man so viel liest, was andere gesagt haben, kann es leicht geschehen, daß man nichts über sich selbst weiß, wer man wirklich ist und was sich tatsächlich in unserem Inneren abspielt. Wenn wir in uns hineinschauen würden und uns darüber hinwegsetzten, was wir nach unserem Dafürhalten

sein sollten, sondern uns so sehen, wie wir wirklich sind, dann würden wir das Vorhandensein dieser Formeln und Begriffe – die in Wirklichkeit Vorurteile und Voreingenommenheiten sind –, die den Menschen vom Menschen trennen, selbst entdecken. So herrschen in allen Beziehungen zwischen Menschen Ängste und Konflikte – nicht nur der Konflikt sexueller oder territorialer Rechte, sondern auch der Konflikt zwischen dem, was war, was ist und was sein sollte.
Wenn man diesen Sachverhalt in sich beobachtet – nicht als eine Vorstellung, nicht als etwas, das man wie durch ein Fenster von außen betrachten kann –, wenn man ihn wirklich im eigenen Inneren erkennt, dann erst kann man herausfinden, ob es nicht doch möglich ist, den Geist von all den Formeln, Glaubenssätzen, Vorurteilen und Ängsten zu befreien und vielleicht in Frieden zu leben. Wir stellen fest, daß der Mensch, sowohl historisch als auch gegenwärtig, den Krieg als Lebensweise akzeptiert hat. Daher ist die Frage, wie man den Krieg beenden kann – nicht irgendeinen besonderen Krieg, sondern alle Kriege –, wie man ganz und gar in Frieden, ohne Konflikt leben kann, nicht nur eine Frage für den Intellekt, sondern eine Frage, die *vollständig*, nicht fragmentarisch oder auf speziellen Gebieten, beantwortet werden muß. Kann der Mensch – Sie und ich – vollkommen in Frieden leben – was nicht bedeutet, daß man ein langweiliges Leben führt, eines ohne aktive, treibende Energie –, können wir herausfinden, ob ein solcher Frieden möglich ist? Sicher muß er möglich sein, sonst hätte unser Leben sehr wenig Sinn. Die Intellektuellen in der ganzen Welt suchen die Bedeutung des Lebens herauszufinden oder ihm einen Sinn zuzuschreiben. Alle religiösen Menschen sagen, daß das Dasein nur ein Mittel zum Zweck sei, der Gott sei – Gott sei der wirkliche Sinn. Wenn Sie kein religiöser Mensch sind, werden Sie den Staat an Gottes Stelle setzen oder aus Verzweiflung irgendeine andere Theorie erfinden.
Wir sind also eigentlich auf der Suche nach einer Antwort auf die Frage, ob der Mensch in Frieden leben kann; *wirklich* leben, nicht theoretisch, nicht als eine Idee, nicht als Ihre Formel, nach der Sie friedlich leben wollen. Solche Formeln werden wieder zu Mauern – meine Formel und Ihre Formel, mein Konzept und das Ihre, und das Ergebnis sind Abgrenzung und immerwährender Kampf. Kann man ohne Formel, ohne Abgrenzung und folglich ohne Konflikt leben? Ich weiß nicht, ob Sie sich diese Frage je allen Ernstes gestellt ha-

ben: ob der Geist von all diesen Abgrenzungen zwischen Ich und Nicht-Ich *jemals* frei sein könne? Das Ich, meine Familie, mein Land, mein Gott; oder wenn ich keinen Gott habe, das Ich, meine Familie, der Staat, und wenn ich keinen Staat habe: das Ich, meine Familie, eine Idee, Ideologie.

Ist es möglich, daß man sich von all dem befreit, nicht allmählich, sondern über Nacht? Wenn wir es mit der Theorie des Später halten, leben wir überhaupt nicht: »später« werden wir frei sein oder »später« werden wir im Frieden leben. Das reicht sicher nicht aus: Wenn ein Mensch Hunger hat, will er sofort zu essen haben. Was für ein Akt ist das also, der das Bewußtsein von jeglicher Konditionierung befreit – der Akt, nicht eine Reihe von Akten? Hier haben wir also diese egozentrische Aktivität, die diese Trennungen erzeugt: die egozentrische Aktivität aufgrund eines Prinzips, einer Ideologie, eines Landes, einer Glaubensform, einer Familie und so fort. Diese egozentrische Aktivität wirkt trennend und führt daher zu Konflikten. Kann also diese Bewegung der Formel – das »Ich« mit seinen Erinnerungen, der Mittelpunkt, um den herum die Mauern errichtet werden –, kann dieses »Ich«, diese abgegrenzte Entität mit ihrer egozentrischen Aktivität, vollständig aufhören, nicht durch eine Reihe von Akten, sondern durch einen Akt? Sie wissen, wir versuchen, die Konflikte nach und nach zu beseitigen, indem wir hier und da an dem Baum herumhacken und niemals an seine Wurzel gelangen. Wir fragen also, ob es denn möglich sei, diese ganze Struktur der Abgrenzung, der Trennung, der egozentrischen Aktivität – die alle zu Konflikten, zu Krieg und Kampf führen – in einem *einzigen Akt* zu beseitigen: Ist das möglich?

Wenn man diese Frage in aller Ernsthaftigkeit stellt, wartet man dann darauf, daß ein anderer die Antwort gibt? Wenn Ihnen diese Frage gestellt wird, erwarten Sie eine Antwort vom Sprecher? Nicht, daß der Sprecher einer Antwort ausweicht, aber warten Sie darauf, eine Antwort zu erhalten? Wenn Sie überhaupt ernsthaft sind – und wie wir gestern sagten, muß man es ein, denn nur ein ernsthafter Mensch kennt das Leben und weiß, was es heißt, zu leben –, werden Sie dann auf eine Antwort warten? Wenn Sie vom Sprecher eine Antwort erwarten, wird diese Antwort nur wieder viele Wörter, viele Ideen enthalten, weitere Reihen von Rezepten, die wiederum zur Ursache von Trennungen werden: das Krishna-

murti-Rezept oder das Rezept irgendeines anderen. Wenn wir jedoch keine Antwort von irgend jemandem – den Sprecher eingeschlossen – erwarten, dann können wir uns gemeinsam auf den Weg machen. Dann übernehmen Sie dieselbe Verantwortung dafür wie der Sprecher. Dann hören Sie nicht nur auf Worte, Ideen. Dann gehen wir beide gemeinsam, und das halte ich für sehr wichtig, wenn wir diese Grenze zwischen Sprecher und Ihnen loswerden; wir sind eine Gemeinschaft, wir entdecken, verstehen, handeln, leben – nicht nach irgendeinem Rezept. Dann besteht zwischen uns eine unmittelbare Beziehung, wenn wir gemeinsam auf die Reise gehen, weil wir uns beide vom Gefühl her in die Wirklichkeit hineintasten: die Wirklichkeit – nicht Worte, Beschreibungen, Erklärungen oder Philosophien des schlauen Geistes.

Wenn wir also davon ausgehen, daß wir den nötigen Ernst haben, welches ist unser Problem? Wie können wir unser tägliches Leben hier leben – nicht in einem Kloster oder in einer romantischen Traumwelt, nicht in einer emotionalen, dogmatischen, drogenverseuchten Welt, sondern hier und jetzt, Tag für Tag; wie können wir in großem Frieden, mit großer Intelligenz, ohne jede Frustration oder Angst leben, wie können wir derart vollständig, in einem solchen Zustand der Glückseligkeit leben –, der natürlich Meditation einschließt – das eigentlich ist das Grundproblem. Und außerdem, ob es möglich ist, dieses ganze Leben zu verstehen, nicht in Bruchstücken, sondern vollständig: sich vollständig darauf einzulassen, und doch an keinen Teil gebunden zu sein; sich auf den ganzen Vorgang des Lebens einzulassen ohne jeden Konflikt, ohne Elend, Verwirrung oder Leiden. Das ist die eigentliche Frage. Denn nur dann kann man bewirken, daß die Welt anders wird. Das ist die *wirkliche* Revolution, die innere, psychische Revolution, der die unmittelbare äußere Revolution entspringt. Machen wir uns also gemeinsam auf die Reise – und ich meine gemeinsam, nicht, daß Sie dort sitzen und ich auf dem Podium –, um miteinander diesen ganzen Bereich des Lebens anzuschauen, damit wir es verstehen; nicht, daß jemand anderer es versteht und uns dann erzählt, was es damit auf sich hat. Nur dann werden wir beides, Lehrer und Schüler, sein.

Wir erkennen, daß diese Abgrenzungen, diese Formeln von »Ich« und »Nicht-Ich«, »Wir« und »Sie«, hinter denen wir leben, Angst erzeugen. Und wenn man sich dieser umfassenden Angst, dieser

totalen Angst bewußt zu werden vermag, kann man eine bestimmte Angst verstehen. Der bloße Versuch, eine bestimmte dumme kleine Angst, in welcher Garnierung auch immer, zu verstehen, hat keinen Sinn, wenn Sie nicht die gesamte Frage der Angst verstehen. Angst zerstört Freiheit. Sie können einen Aufstand proben, aber das ist nicht Freiheit. Angst pervertiert jegliches Denken. Angst im eigenen Inneren zerstört jede Beziehung. Bitte, das sind nicht nur Worte: das zeigt sich in unserem ganzen Leben – Angst vom Anfang bis zum Ende. Angst vor der öffentlichen Meinung, Angst vor Mißerfolg, Angst vor Einsamkeit, Angst davor, nicht geliebt zu werden, das Sich-Messen am Ideal des »Wie-es-sein-sollte«, was noch mehr Angst hervorruft. Diese Angst liegt außerdem nicht nur in den oberen Schichten des Bewußtseins, sondern sie greift sehr tief hinab. Und wir fragen uns, ob diese Angst aufhören kann – nicht allmählich, nicht nach und nach, sondern *vollständig*.
Was ist diese Angst? Warum hat man Angst? Wegen dessen, was jenseits des Kreises oder innerhalb des Kreises liegt, oder wegen des Kreises selbst? Können Sie uns folgen? Wir versuchen nicht, die besondere Ursache dieser Angst herauszufinden, denn wie wir gestern gesagt haben, bringt die Entdeckung der Ursache, der analytische Prozeß des Verstehens von Ursache und Wirkung, nicht unbedingt ein Ende der Angst – dieses Spiel hat man lange genug gespielt. Aber wenn man diese Angst erkennt – so, wie man dieses Mikrophon sieht, so, wie es tatsächlich ist –, existiert sie dann innerhalb der Mauer, auf der anderen Seite der Mauer, oder existiert sie wegen der Mauer? Mit Sicherheit existiert sie wegen der Mauer, wegen der Abgrenzung, und nicht, weil Sie innerhalb der Mauer leben oder weil Sie Angst haben, über die Mauer zu schauen. Sie existiert als Faktum, so wie sie ist, so wie Sie sie beobachten, wegen der Mauer. Wie entsteht nun diese Mauer?
Bedenken Sie hier, bitte, daß wir die Reise gemeinsam unternehmen und daß Sie vom Sprecher keine Antwort erwarten. Wir treten die Reise gemeinsam an, wir gehen Hand in Hand, und es hat keinen Sinn, wenn Sie plötzlich abrücken, Ihre Hand wegziehen und sagen: »Geh du voran und erzähl mir dann alles!« Wenn wir die Reise gemeinsam machen, wird aus unserer verbalen Kommunikation mehr als bloße Kommunikation: Sie wird zu einer Art von Kommunion, die Zuneigung, Mitgefühl und Verständnis umfaßt, weil es um unser

gemeinsames menschliches Problem geht. Es handelt sich nicht um mein Problem und darum, daß ich es gelöst habe und daß Sie deshalb mein Urteil akzeptieren müssen. Es ist *unser* Problem.
Wie entsteht also diese Mauer des Widerstands, der Abgrenzung und Trennung? In allem, was wir tun, in all unseren noch so innigen Beziehungen gibt es diese Abgrenzung, die Verwirrung, Elend und Konflikt mit sich bringt. Wie ist diese Barriere entstanden? Wenn man sie wirklich verstehen könnte – nicht verbal, nicht intellektuell –, sondern wenn man sie *wirklich* sehen und spüren könnte, dann würde man feststellen, daß sie sich auflöst. Lassen Sie uns das ergründen. Unsere Frage lautete, wie diese Mauer entstanden ist. Was würden Sie wohl sagen, wenn Sie eine Antwort geben sollten? Jeder von uns hat eine Meinung oder wird eine Meinung vortragen – wobei meine Meinung die richtige und Ihre die falsche ist. Wir können das dialektisch untersuchen, aber es geht uns nicht um eine dialektische Untersuchung und um eine definitive Schlußfolgerung. Die Wahrheit liegt nicht in einer Meinung oder Schlußfolgerung. Die Wahrheit ist immer neu, und daher findet der Geist sie nicht durch Schlußfolgerung, Meinung und Urteil; sie muß frei sein. Wenn wir also die Frage stellen, wie diese Mauer des Widerstands entstanden ist, fragen wir nicht nach einer Meinung und bitten nicht darum, daß irgendein kluger, gelehrter Mensch es uns sagt – weil es keine Autorität gibt. Wir beobachten sie gemeinsam, prüfen sie gemeinsam und tasten uns gefühlsmäßig in sie hinein.
Sicher ist die Mauer durch den Mechanismus des Denkens entstanden. Oder nicht? Bitte, weisen Sie das nicht zurück: beobachten Sie es nur: das Denken. Wenn es kein Nachdenken über den Tod gäbe, hätten Sie vor dem Tod keine Angst. Wenn Sie nicht als Christ, Katholik, Protestant, Hindu, Buddhist oder Gott-weiß-was erzogen wären: wenn Sie nicht durch Propaganda, durch Worte, durch das Denken konditioniert wären, hätten Sie keine Barrieren. Und man erkennt, wie das Denken, als das »Ich« und »Du«, dies bewirkt. Das Denken erzeugt also nicht nur diese Mauer mit ihren egozentrischen Aktivitäten, sondern auch Ihre eigene Aktivität innerhalb Ihrer Mauer. So bringt Denken dadurch, daß es Abgrenzung schafft, Angst mit sich. Denken *ist* Angst, so wie Denken Vergnügen *ist*. Ich sehe etwas Wunderschönes: ein schönes Gesicht, einen lieblichen Sonnenuntergang, ein erfreuliches Ereignis von gestern; das Den-

ken denkt darüber nach: Wie schön das war. Bitte, betrachten Sie dies: Wie lieblich diese Erfahrung war, und genau dieser Denkakt verleiht dieser lustvollen Erfahrung Dauer. So ist nicht nur Angst, sondern auch Lust auf das Denken zurückzuführen. Das ist ziemlich klar, liegt auf der Hand. Weil Sie die Mahlzeit heute nachmittag genossen haben, wünschen Sie sich ihre Wiederholung; oder Sie hatten ein sexuelles Erlebnis, und das Denken denkt darüber nach, brütet darüber, kaut es durch, erzeugt das Bild, die Vorstellung und begehrt Wiederholung. Das ist die wiederholte Lust, die Sie Liebe nennen. Und das Denken, das diesen Kreis, die Barriere, den Widerstand, den Glauben geschaffen hat, fürchtet sich, es sei denn, all dieses bricht zusammen und läßt etwas von jenseits der Mauer herein. So erzeugt das Denken sowohl Angst als auch Vergnügen. Sie können unmöglich Vergnügen haben ohne Angst; beide gehen Hand in Hand, weil sie Kinder des Denkens sind. Und das Denken ist das nutzlose Kind eines Geistes, der sich nur um Vergnügen und Angst dreht. Bitte, sehen Sie genau hin. Ich möchte Sie noch einmal daran erinnern, daß wir diese Reise gemeinsam unternehmen: Sie prüfen sich selbst, beobachten sich selbst im Spiegel der Worte.
Angst, Schmerz und Lust sind also das Ergebnis des Denkens. Und doch muß Denken logisch, vernünftig, gesund und objektiv funktionieren, wo es in der Welt der Technik gebraucht wird – jedoch nicht in menschlichen Beziehungen, denn in dem Augenblick, da sich Denken in menschliche Beziehungen einmischt, kommt Angst auf; und darin liegt wiederum Lust und Schmerz. Ich behaupte nichts Verrücktes: Sie können es selbst beobachten. Denken ist eine Reaktion der Erinnerung, der Erfahrung und des Wissens, und daher ist es immer alt und folglich niemals frei. Gewiß gibt es die Gedanken-»Freiheit«: das heißt, daß Sie sagen können, was Sie wollen. Aber das Denken selbst ist nie frei und kann niemals zur Freiheit führen. Denken kann entweder Angst oder Lust Dauer verleihen, aber nicht Freiheit. Und wo Angst und Lust sind, hört Liebe auf. Liebe ist weder Denken noch Lust. Aber für uns ist Liebe Lust und mithin Angst.
Wenn man sich dieses ganze Lebensgeschäft klarmacht – nicht so, wie wir es gern hätten, nicht in Einklang mit einem Philosophen oder Priester, sondern so, wie es tatsächlich ist –, fragt man sich, ob das Denken seinen richtigen Stellenwert besitzen kann, ohne sich in

jede Beziehung einzumischen. Das bedeutet keine Aufteilung zwischen den beiden Zuständen Denken und Nicht-Denken. Sehen Sie, man hat leider in dieser Welt zu leben, seinen Lebensunterhalt zu verdienen und ins Büro zu gehen. Wenn es jemals zu einer guten Regierung der einen gemeinsamen Welt kommen sollte, dann brauchen wir vielleicht nicht länger als einen Tag zu arbeiten und können den Computern alles weitere überlassen, um uns mehr Freizeit zu gönnen. Aber solange das nicht der Fall ist, muß man seinen Lebensunterhalt verdienen, und zwar effizient und mit ganzer Kraft. Doch in dem Augenblick, in dem diese Effizienz widerwärtig wird, sei es durch Habsucht oder durch dieses gräßliche Streben nach Erfolg und Selbstbestätigung, richtet sich die Barriere von »Ich« und »Nicht-Ich« auf, die Wettbewerb und Konflikt zur Folge hat. Wenn wir uns dies alles klarmachen, wie sollen wir dann anständig, tüchtig, ohne Brutalität und dennoch in vollkommener Beziehung leben, nicht nur mit der Natur, sondern auch mit anderen Menschen, in einer Beziehung, die nicht überschattet wird von »Ich« und »Du« – der durch das Denken aufgerichteten Barriere?
Wenn man das, worüber wir reden, tatsächlich durchschaut – nicht verbal, sondern tatsächlich –, dann hebt der Akt des Durchschauens, die tatsächliche Einsicht, die Mauer der Abgrenzung auf. Wenn man irgendeine Gefahr erkennt, wie beispielsweise einen Abgrund oder ein wildes Tier und so weiter, dann handelt man. Ein solches Handeln kann durchaus das Ergebnis der Konditionierung sein, aber es ist kein Akt der Angst. Es ist ein Akt der Intelligenz.
Ähnlich bedeutet die intelligente Einsicht in diese ganze Struktur, in die Natur dieser Abgrenzung, des Konflikts, des Kampfes, des Elends, der Egozentrik – bedeutet die wirkliche Erkenntnis dieser Gefahr ihre Beendigung. Es gibt kein »Wie«. Wichtig ist, daß man sich dahin auf den Weg macht – nicht geführt durch einen anderen, denn es gibt keinen Führer –, daß man vielmehr die Welt sieht, wie sie ist: die außerordentliche Konfusion, das endlose Leid des Menschen, daß man dies *tatsächlich* sieht. Denn die Einsicht in die ganze Struktur bedeutet ihre Beendigung.
Wenn Ihnen daran liegt, können wir jetzt darüber sprechen und Fragen stellen. Ja?

[F]: Was heißt das, etwas »tatsächlich« sehen?

[K]: Sehen Sie Ihre Frau oder Ihren Mann tatsächlich, oder sehen

Sie sie durch ein Bild, durch einen Schleier von Meinungen und Schlußfolgerungen – und folglich überhaupt nicht? Wenn das so ist, besteht keine Beziehung, denn Beziehung bedeutet Kontakt, sich auf jemanden zu beziehen. Wenn der Ehemann ehrgeizig, habgierig, neidisch, erfolgssüchtig, sorgenvoll, abgekämpft ist, in seinem eigenen Kreis lebt und die Ehefrau in dem ihrigen, wo besteht da eine Beziehung? Und trotzdem nennen wir so etwas Beziehung: meine Familie gegen den Rest der Welt. Wenn ich das *sehe*, das tatsächliche Bild erkenne, das meine Sicht bestimmt – kein erfundenes Bild, sondern das tatsächliche Bild, so wie es ist –, dann löst eben dieses Erkennen der Wahrheit das Bild auf.
Wissen Sie, es gehört zu den schwierigsten Dingen, Fragen zu stellen. Aber wir müssen fragen, wir müssen alles auf dieser Erde in Frage stellen: unsere Schlußfolgerungen, unsere Ideen, Meinungen, Urteile – alles hinterfragen –, aber auch wissen, wann man nicht zu zweifeln braucht. Es ist wie mit einem Hund an der Leine, den man manchmal laufen lassen muß, weil man nur aus der Freiheit heraus Wahrheit erkennt. Aber eine Frage stellen, die richtige Frage, erfordert sehr viel Aufmerksamkeit, Intelligenz und Problembewußtsein. Ich kann unverbindlich fragen, ohne auf das Problem wirklich einzugehen, eine unverbindliche Antwort suchen, aber wenn ich mich mit ganzem Herzen und wachem Geist auf das Problem einlasse und nicht versuche, mich davor zu drücken, dann liegt genau in dieser Auseinandersetzung mit dem Problem die Antwort. Wenn man eine Frage stellt – was nicht heißen soll, daß der Sprecher Sie davon abhalten will, Fragen zu stellen –, wenn man eine Frage stellt, muß man also nicht nur für die Frage einstehen, sondern auch dafür, wie man die Antwort aufnimmt. Wie Sie die Antwort aufnehmen, ist viel wichtiger als die Art, wie Sie die Frage stellen, denn es kann eine Antwort sein, die Ihnen gar nicht gefällt. Sie lehnen sie vielleicht ab, weil sie Ihnen im Augenblick nicht angenehm ist oder weil Sie ihren Wert nicht erkennen oder weil Sie dabei an Profit denken.

[F]: Ich bin mir nicht sicher, welcher Unterschied zwischen Denken, Fühlen, Empfinden und Emotion besteht.

[K]: Was ist Empfindung? Ein Reiz. Sie sehen ein schönes Gesicht, eine bezaubernde Farbe. Dieser Wahrnehmung folgt eine Empfindung, dann Berührung, dann Verlangen, bis schließlich das Denken

sich einmischt und sagt: »Ah! Ich wünschte, ich könnte das haben!« Da haben wir diesen ganzen Vorgang von Wahrnehmung, Empfindung, Berührung, Verlangen – der durch das Denken verstärkt wird: »Ich möchte es haben« oder »Ich möchte es nicht haben«, »Das gehört mir« oder »Das gehört mir nicht«. Dann erhebt sich die Frage, ob sich die Wahrnehmung eines schönen Gesichtes oder eines herrlichen Sonnenunterganges einstellen kann, ohne daß das Denken sich einmischt, oder mit anderen Worten: gibt es einen Zustand der Nicht-Erfahrung, der reinen Wahrnehmung – was mehr ist als alle Erfahrungen. Habe ich mich hinreichend verständlich gemacht oder sage ich etwas nicht sehr Einleuchtendes und ziemlich Verrücktes? Schauen Sie, nehmen wir die Wahrnehmung eines schönen Autos (*lacht, das Publikum lacht auch*) – vielleicht wäre ein schönes Gesicht besser (*Gelächter*) –, dann kommt es zur Empfindung: Sie möchten es berühren, es anschauen. Schließlich mischt sich das Denken ein, und es beginnt diese ganze Mechanik von Lust und Schmerz. Nun, kann man dieses Gesicht ohne die Einmischung des Schmerz- und Lustprinzips anschauen? Verstehen Sie, wovon ich spreche? Das ist wirklich ein sehr interessantes Problem.
Wir hängen seelisch so stark von anderen Menschen ab. Diese Abhängigkeit beruht auf Angst und Vergnügen. Da man den Schmerz der Abhängigkeit kennt, sucht man Freiheit von Abhängigkeit zu kultivieren, aber das führt nur zu anderen Angst-, Schmerz- und Konfliktformen. Man fragt sich nie, warum man seelisch von anderen Menschen abhängig ist. Sie sind auch von Ihrem Milchmann, vom Briefträger und so weiter abhängig, aber das ist eine ganz andere Sache. Doch warum diese seelische, innere Abhängigkeit? Weil man einsam ist, für sich selbst nichts besitzt, sich selbst nicht genügt? Das Objekt, von dem Sie abhängig sind, nicht wahr, ist das Produkt wie auch die Ursache des Denkens. Richtig? Und das beweist, daß Erfahrung eine komplizierte Sache ist. Und doch sind wir alle auf der Suche nach stärkeren, sinnvolleren Erfahrungen. Wir haben nie innegehalten, um das psychische Bedürfnis nach einer Erfahrung in Frage zu stellen. Wir haben hingenommen, wie wir so vieles hinnehmen, daß Erfahrung notwendig sei zur Erleuchtung, zur Erkenntnis, zur Glückseligkeit, obwohl im Gegenteil nur ein unschuldiger Geist der Glückseligkeit fähig ist – nicht ein von Erfahrungen belasteter Geist. Außerdem beruhen solche Erfahrungen

auf genannter Aufteilung in Angst und Vergnügen, wobei jede Erfahrung, außer solchen, die wir mögen oder nicht mögen, abgelegt wird.

[F]: Erfordert wahre Liebe inneres Wachstum?

[K]: Gibt es eine falsche Liebe? (*Gelächter*) Bitte lachen Sie nicht – es ist so leicht, sich über Dinge lustig zu machen, die einen tief berühren. Indem wir lachen, schieben wir sie beiseite. Wissen wir denn, was Liebe ist? Oder kennen wir nur Schmerz, Lust, Eifersucht, die Mühsal dessen, was wir Liebe nennen? Kann ein ehrgeiziger Mensch, ein wetteifernder Mensch, einer, der sich spezialisiert hat, wissen, was Liebe ist? Kann ein Mensch, der sich davor fürchtet zu versagen oder der um Erfolg kämpft, wissen, was Liebe ist? Kann man jemals Liebe und Eifersucht gleichzeitig haben? Kann ein liebender Mann oder eine liebende Frau jemals eifersüchtig sein, jemals dominieren, besitzen, festhalten, abhängig sein? Alles, was wir tatsächlich kennen, ist Lust und Schmerz dessen, was wir Liebe nennen, was im allgemeinen in Sex umgesetzt wird. So wird Sex zu einem außerordentlichen Problem. Nicht, daß wir etwas gegen Sex haben – es wäre furchtbar, gegen irgend etwas zu sein –, aber wir sehen ihn als das, was er ist. Sie kennen nur Lust und Schmerz dessen, was wir Liebe nennen, und daher ist es keine Liebe. Liebe läßt sich nicht kultivieren – es wäre wunderbar, wenn das möglich wäre; sie wie eine Pflanze zu kultivieren, zu bewässern, zu nähren, für sie zu sorgen. Wenn man das auch mit der Liebe machen könnte, wäre das sehr einfach, aber leider funktioniert das nicht so. Zu lieben ist etwas ganz anderes, bei dem es weder Schmerz noch Lust gibt. Deshalb muß man diese Angst und Lust und alles andere begreifen, damit keine Abgrenzungen auftauchen.

[F]: Tatsache ist, daß die Welt in Unordnung und der Mensch in Verzweiflung ist. Das ist Tatsache. Was kann den Menschen also verändern? Ist das überhaupt möglich?

[K]: Ist die Welt denn von uns getrennt? Sind wir nicht alle, jeder von uns, in Unordnung, verwirrt – nicht nur oberflächlich, sondern in Konflikt: im Konflikt von Gegensätzen, Widersprüchen, widerstreitenden Wünschen? All das ist Unordnung. Und Sie fragen, ob es sich lohnt, all das zu verändern? Ist das Ihre Frage?

[F]: Nein, nicht ganz. Da ist das Verlangen nach Veränderung,

aber wie kann, angesichts der Tatsache der Unordnung in der Welt, Veränderung ihrem Wesen nach aussehen?

[K]: Das Wesen der Veränderung ist die Negierung der Unordnung. Aus Unordnung läßt sich keine Ordnung schaffen. Doch die Ablehnung von Unordnung ist das Wesen der Veränderung: die Ablehnung selbst ist Veränderung. Die Negierung von Unordnung ist das positive Wesen der Veränderung. Das heißt, ich sehe Unordnung in meinem Inneren: Zorn, Eifersucht, Brutalität, Gewalt, Argwohn, Schuld – Sie wissen ja, wie Menschen sind. Ich bin mir dessen bewußt. Der Geist ist sich über diese ganze Unordnung vollauf im klaren. Ist er imstande, sie vollständig zu negieren, beiseite zu legen? Wenn er es kann, durch Negierung, dann ist das Wesen der Veränderung die positive Ordnung. Das Positive kann nur durch die Negation entstehen. Schauen Sie, ich sehe den Nationalismus, das Trennende der Religionen, Abgrenzungen, hervorgerufen durch den Glauben, all die Konflikte, die Unordnung: Ich sehe das wirklich, spüre das in meinem Blut. Und ich lege es ab, nicht verbal, sondern tatsächlich: In mir gehöre ich keinem Land, keiner Religion an, ich schließe mich keinem Dogma, keiner Glaubensform an. Dann ist diese Negierung dessen, was falsch ist, die das Wesen der Veränderung ausmacht, Wahrheit.

[F]: Widerspricht das nicht dem, was Sie früher sagten, daß Sie, wenn Sie Eifersucht in sich entdecken, sie nicht verleugnen, sondern zu dieser Eifersucht werden?

[K]: Nein. Ich sagte, der Beobachter *ist* das Beobachtete. Wenn die Trennung auf seiten des Beobachters, der sagt: »Ich bin etwas anderes als die Eifersucht«, besteht, dann haben wir einen Konflikt zwischen Beobachter und Beobachtetem. Gehen wir langsam vor. Wie alles andere auch ist die menschliche Problematik wirklich sehr komplex. Gehen wir also ein wenig spielerisch mit ihr um, und betrachten wir sie mit eigenen Augen. Wissen Sie, wenn die Ehefrau nicht ich, sondern getrennt von mir ist, besteht keine Beziehung. Dann beobachtet das »Ich« die Frau als getrenntes Wesen, und diese Abgrenzung führt zu Konflikten. Das ist klar. Wenn das »Ich« sich von seiner Eifersucht trennt, herrscht Konflikt, so als ob man sagte: »Warum sie loswerden? Es ist richtig, eifersüchtig zu sein; es macht mir Freude, eifersüchtig zu sein; es gehört zur Liebe, eifersüchtig zu sein«, und all das. Wenn es aber keine Aufspaltung zwischen Beob-

achter und dem gibt, was er Eifersucht nennt, dann *ist* er sie. Er wird nicht zur Eifersucht, sondern er *ist* sie. Was werden Sie dann tun? Verstehen Sie das Problem?

[F]: Das ist ja die Frage der Dame. Sie fragt, wie man negieren kann, was man ist. Sie sagten, Negierung der Unordnung ist Wandlung, und die Dame fragte: »Wenn ich die Unordnung bin, wie kann ich sie negieren?«

[K]: Ah! Ich werde es Ihnen erklären. Wie kann ich die Unordnung negieren, wenn ich selbst die Unordnung bin? Ich bin die Nation, ich bin der Glaube, die Unordnung. Wenn das »Ich« Unordnung negiert, dann wird genau dieses abgespaltene Ich wieder eine andere Form der Unordnung schaffen. Das ist Ihre Frage, nicht wahr? Wenn Sie sagen, »die Unordnung negieren«, was verstehen Sie darunter? Wer ist es, der die Unordnung negiert? Bitte, folgen Sie mir langsam, Schritt für Schritt. Diese Unordnung ist die Ursache des Denkens: mein Glaube und Ihr Glaube, mein Gott und Ihr Gott, meine Formel und Ihre Formel, mein Vorurteil gegen Ihr Vorurteil. Ich bin also diese Unordnung, und das Denken ist diese Unordnung, denn ich bin das Denken. Stimmt's? Das Denken bin ich, und das »Ich« ist Unordnung. Wenn man das also negiert, negiert man das Denken, nicht die Unordnung: nicht »Ich« negiere. Sehen Sie, ich bin Unordnung. Diese Unordnung wird vom Denken geschaffen, welches das Ich ist und Abgrenzung mit sich bringt. Das ist eine Tatsache. Was ist dann die Negierung dieser Tatsache? Wer will diese Unordnung ablehnen und sie beiseite legen? Was wird diesen Wandel herbeiführen? Ist das klar? Also, die Negierung der Unordnung ist Stille. Jede weitere Denkbewegung wird nur noch weitere Unordnung hervorrufen. Jetzt werden Sie fragen, wie das Denken zum Stillstand kommen kann, wer diese ständige, Tag und Nacht ablaufende Bewegung beenden soll?

Das Denken selbst muß sich negieren. Das Denken sieht selbst, was es anrichtet – nicht wahr? –, und deshalb erkennt das Denken, daß es selbst aufhören muß. Es gibt keinen anderen Faktor als diesen. Wenn daher das Denken erkennt, daß, was immer es tut, jede seiner Bewegungen Unordnung ist (wir ziehen dies als Beispiel heran), dann ist Stille. Das Wesen der Veränderung von Unordnung ist Stille. Ich weiß nicht, ob Sie jemals die Qualität der Stille gesehen oder empfunden haben: wenn Geist und Körper außerordentlich

still sind. Das heißt, wenn Sie etwas ganz klar sehen wollen, wenn Sie etwas, das gerade gesagt wird, mit Ihrem Herzen und allen Sinnen hören wollen, dann ist Ihr Körper still, und Ihr Geist ist still. Das ist kein Schein. Er ist still. Auf die gleiche Weise werden Unordnung und die übliche Änderung nur dann aufgehoben, wenn vollständige Stille herrscht. Stille, nicht Denken, bewirkt Ordnung.

[F]: Will der Mensch immer das besitzen, was ihm Vergnügen bereitet?

[K]: Wollen wir das nicht alle? Möchten wir nicht alle besitzen, was uns Vergnügen verschafft – ein Bild an der Wand, ein Bauwerk, eine Frau, einen Mann? Wenn wir also ein Möbelstück besitzen, das wir mögen, dann *sind* wir dieses Möbelstück. Und damit ist Schmerz verbunden, weil Besitz verlorengehen kann. Deshalb klammern wir uns an unseren Mann, unsere Frau, die Familie. Um die Familie haben wir den wunderbaren Kreis gezogen, der sie gegen den Rest der Welt zum Kampf antreten läßt. Man fragt sich, ob es die Familie nicht auch ohne den Kreis, ohne die Mauer geben könnte. Diejenigen unter Ihnen, die eine Familie haben, sollten das einmal versuchen und schauen, was geschieht. Sie werden feststellen, daß etwas gänzlich anderes geschieht. Dann werden Sie vielleicht erkennen, was Liebe ist, und mit Ihren eigenen Augen das Wesen der Wandlung erkennen, die Liebe bewirkt.

3

Von den vielen Dingen, über die wir miteinander sprechen könnten, ist eines der augenfälligsten und wichtigsten die Frage, warum wir uns nicht ändern. Wir ändern uns vielleicht ein wenig, hier und da, stellenweise, aber warum ändern wir nicht grundlegend unser gesamtes Verhalten, unseren Lebensstil, unser alltägliches Wesen? Die Welt um uns herum schreitet technisch mit ungeheurer Geschwindigkeit voran, während wir innerlich mehr oder weniger so bleiben, wie wir Jahrhunderte hindurch gewesen sind. In dieser Falle sitzend – und es ist eine furchtbare Falle –, fragt man sich, warum wir nicht ausbrechen, warum wir schwerfällig und stupide,

leer, seicht, oberflächlich und eher stumpfsinnig bleiben. Ist das so, weil wir uns selbst nicht kennen? Wenn wir von den Vorstellungen verschiedener Fachleute und ihren jeweiligen Behauptungen und Dogmen absehen, geht uns auf, daß wir uns nie wirklich erforscht haben, nie tief nach innen gegangen sind, um zu ergründen, wer wir wirklich sind. Liegt da der Grund, warum wir uns nicht verändern? Oder fehlt uns dazu einfach die Energie? Oder weil wir uns langweilen – nicht nur mit uns selbst, sondern auch mit der Welt, einer Welt, die sehr wenig zu bieten hat außer Automobilen, größeren Badezimmern und all den anderen Dingen? So langweilen wir uns äußerlich und wahrscheinlich auch mit uns selbst, weil wir in der Falle sitzen und nicht wissen, wie wir herauskommen sollen. Außerdem sind wir vermutlich sehr träge. Dazu kommt, daß Selbsterkenntnis keinen Profit abwirft, daß am Ende keine Belohnung winkt, wo doch die meisten von uns vom Profitdenken geprägt sind.
Dies sind also möglicherweise einige Gründe, warum wir uns nicht ändern. Wir kennen die Falle, wir kennen das Leben, und trotzdem schleppen wir uns monoton und müde dahin, bis wir sterben. Das scheint unser Schicksal zu sein. Und dennoch: Ist es denn so schwer, tief in die eigene Seele zu gehen und uns zu transformieren? Ich frage mich, ob man sich je selbst betrachtet, sich selbst erkannt hat? Seit Urzeiten ist immer wieder dazu aufgerufen worden: »Erkenne dich selbst!« Das war in Indien eine Forderung, die alten Griechen wiederholten sie, während moderne Philosophen sie ebenfalls zu formulieren versuchen und sie nur durch ihren Jargon und ihre Theorien verkomplizieren.
Kann man sich selbst erkennen – nicht nur auf der bewußten Ebene, sondern auch in den tieferen, geheimnisvollen Schichten der Seele? Ohne Selbsterkenntnis, das steht fest, fehlt uns jede Basis für irgendein reales, ernsthaftes Handeln, jede Grundlage, auf der sich etwas klar aufbauen ließe. Wenn man sich selbst nicht kennt, bleibt nur ein solch oberflächliches Leben. Sie mögen sehr klug sein, alle Bücher der Welt kennen und aus ihnen zitieren können, aber wenn Sie sich selbst nicht kennen, wie können Sie über das Oberflächliche hinausgelangen? Ist es möglich, sich selbst so vollständig zu erkennen, daß schon das reine Beobachten des ganzen Selbst eine Befreiung bedeutet? Vielleicht können wir heute

nachmittag gemeinsam auf diese Frage eingehen, und dabei erfahren wir vielleicht auch, was Liebe ist und was der Tod.
Ich meine, als Menschen sollten wir in der Lage sein, herauszufinden, was der Tod ist, solange wir noch leben; und auch, was die Liebe ist, denn sie ist Teil unseres Lebens, unseres täglichen Lebens. Können wir uns selbst ohne Angst oder Täuschung erforschen, ohne irgendeine Formel oder Schlußfolgerung, um so zu erfahren, was wir sind? Eine solche Selbsterforschung erfordert Freiheit. Man kann sich selbst oder das Universum, dessen Teil wir sind, nur dann erforschen, wenn Freiheit herrscht – Freiheit von Hypothesen, Theorien und Schlüssen. Freiheit von Vorurteilen. Mehr noch, man braucht dazu einen scharfsinnigen Geist, einen sensibilisierten Geist. Aber der Geist ist nicht sensibel, wenn er unter dem Eindruck irgendeines Vorurteils steht, das ihn untauglich macht, die gesamte Struktur des Selbst wirklich zu erforschen. Gehen wir also gemeinsam auf diese Frage ein, nicht nur durch verbale Kommunikation, sondern auch non-verbal, was viel anregender ist und wesentlich mehr Aufmerksamkeit erfordert. Wenn man frei ist zu forschen, dann hat man die Energie dazu. Man hat sie, den Antrieb, die nötige Intensität jedoch nicht, wenn man bereits zu einem Schluß, zu einer Formel gekommen ist. Lassen wir daher vorläufig alle unsere Formeln, Schlüsse und Vorurteile über uns beiseite – was wir sind, was wir sein sollten und nicht sein sollten und all das –, und beobachten wir uns.
Man kann sich selbst nur in Beziehungen beobachten. Wir haben kein anderes Mittel, uns selbst zu betrachten, weil wir (außer völlig neurotischen Menschen) keine isolierten menschlichen Wesen sind, im Gegenteil, wir stehen in Beziehung zu allen Dingen um uns herum. Und in dieser Beziehung können wir, indem wir unsere Reaktionen, Gedanken und Motive beobachten, non-verbal erkennen, was wir sind.
Worin besteht nun das Werkzeug der Beobachtung, was ist das Beobachtende? Auch das müssen wir ganz klar sehen. Ist es ein Beobachten von draußen, wie wenn man durch ein Fenster schaut, etwa in ein Schaufenster, oder beobachten Sie sich von innen, nicht von außen? Wenn Sie sich von außen beobachten, dann stehen Sie nicht in Beziehung zu dem, »was ist«. Ich meine, darüber sollten wir uns ganz im klaren sein. Man kann sich selbst beobachten, indem man

sozusagen über die Mauer schaut, und in diesem Fall ist die Beobachtung eher oberflächlich, beziehungslos, belanglos und ohne Verantwortung. Wenn man sich selbst analysiert, dann ist das immer der Analysierende und das Analysierte. Der Analysierende ist derjenige, der über die Mauer schaut, der urteilt, auswertet, kontrolliert, unterdrückt und so fort. Aber kann man sich innig beobachten, so wie man tatsächlich ist? Das heißt, kann man sich ohne Denker, Beobachter betrachten – ohne Beobachter, der immer draußen steht, der Zensor ist, das Wesen, das auswertet und erklärt: »Das ist richtig«, »Das ist falsch«, »So sollte es sein«, »So sollte es nicht sein« –, ohne all die Einflüsse also, die die Beobachtung sehr begrenzen und lediglich der sozialen, milieumäßigen und kulturellen Konditionierung entsprechen?
Wir stehen also vor diesem ganz realen Problem: Wie beobachten – nicht als außenstehender Beobachter, der bereits zu bestimmten Schlüssen über sich gekommen ist, sondern nur beobachten. Bedingungslos bewußt sein, ohne Direktive, ohne Beschluß, was man tun oder nicht tun soll, sondern nur beobachten, was sich tatsächlich abspielt. Dazu braucht man Freiheit von jeder Schlußfolgerung und Festlegung. Um also non-verbal zu beobachten, ohne die Barriere eines Außenstehenden, der hereinschaut, muß Freiheit sein von jeglicher Angst und jedem Änderungswillen. Wenn man ein solches Instrument hat, kann man an das Erforschen herangehen. Aber wenn schon alle Dinge ausgeschaltet sind, die ein Ich-Zentrum bilden, von dem aus ein Beobachter das Beobachtete betrachtet, was gibt es dann noch herauszufinden?
Man möchte sich mit klarem, ungetrübtem Blick anschauen, ohne Einmischung der konventionellen, geachteten sozialen Moral – die überhaupt keine Moral ist. Läßt man Schlußfolgerung und Rezept beiseite, Angst, jedes Verlangen, anders zu sein, als man ist, was bleibt dann? Wir sind eine Reihe von Schlußfolgerungen. Wir sind in Wirklichkeit eine Reihe von Erfahrungen, die auf Lust und Schmerz, Erinnerungen, auf Vergangenheit beruhen. Wir *sind* die Vergangenheit; in uns ist nichts Neues. Wenn man sich so in aller Freiheit beobachtet – und dazu muß man alle genannten Dinge abgelegt haben –, was ist man dann tatsächlich? Ob Sie sich diese Frage wohl jemals vorgelegt haben? In welchem Verhältnis stehen wir zu diesem ganzen Lebensgeschäft? Und was ist Leben, so wie es

ist? Man kann natürlich sofort erkennen, was es tatsächlich ist: ein immerwährender Kampf, ein Schlachtfeld, das wir Leben nennen, Konflikte – nicht nur mit anderen Menschen, sondern auch in uns selbst –, Schmerz, flüchtige Augenblicke großer Freude, Angst, Verzweiflung und eine Reihe von Frustrationen; Widersprüche in uns selbst auf der bewußten Ebene und in den tieferen Schichten; ein Zustand der Beziehungslosigkeit; große Trübsal – die im allgemeinen Selbstmitleid ist –, Einsamkeit und Langeweile. Dann die Flucht daraus in religiöse Glaubensvorstellungen: dein Gott und mein Gott. Das ist unser Leben, wie es tatsächlich ist. Vierzig Jahre lang ins Büro gehen – so stolz auf all dies –; aggressiv, konkurrenzsüchtig und brutal. Das ist unser Leben, und das nennen wir »Leben«. Und wir wissen nicht, wie wir es ändern sollen. Wir sind erpicht darauf, die äußere Gesellschaftsstruktur zu verändern – eine neue Bürokratie anstelle der alten und so fort. Der äußere Wandel hat jedoch nur dann Sinn, wenn eine gründliche Revolution in uns selbst stattfindet: dann sind außen und innen dieselbe Bewegung, nicht zwei getrennte.

Wenn wir also dies alles sehen, seinen Irrsinn, warum ändern wir es dann nicht? Ich frage mich, ob man es wirklich sieht, unser Leben, wie es tatsächlich ist; oder nimmt man es nur verbal wahr – und hier muß man sich darüber im klaren sein, daß die Beschreibung, die Erklärung, nie das Beschriebene oder Erklärte ist. Wenn wir dies alles erkennen, diese ungeheure Konfusion, das Elend, die Plage, warum nehmen wir es hin, warum machen wir so weiter? Bauen wir darauf, daß uns ein anderer da heraushilft? Es hat Lehrer, Gurus, Heilsbringer gegeben – ach, zahllose –, aber wir sind immer noch hier. Daher verlieren wir jeden Glauben an einen anderen oder haben ihn längst verloren. Und ich hoffe, auch Sie haben ihn verloren. Das heißt nicht, daß man zynisch, bitter und hart geworden ist, sondern daß man die Tatsache begreift, daß uns innerlich niemand helfen kann. Wenn wir all dies erkennen, die Wirklichkeit des Lebens, wie wir sie Tag für Tag erfahren, seine Qualen und seine grausamen Leiden, warum widmet man sich nicht ganz und gar dem Verstehen dieser Dinge und durchbricht sie? Was ist schon Bildung, wenn wir es nicht tun? Was nützt es, daß Sie einen Doktorgrad und all das andere erwerben, wenn all diese Verhältnisse nicht grundlegend verändert werden?

Wir müssen jetzt nach der Natur der Energie fragen, die nötig ist, um aus dieser Falle, diesem Circulus vitiosus, in dem man gefangen ist, auszubrechen. Was gibt uns den notwendigen Antrieb? Offensichtlich kann er nicht verbal sein, noch kann er sich von Behauptungen und Schlußfolgerungen anderer Menschen herleiten. Die Natur dieser Energie ist vielmehr Freiheit – das Verlangen nach Freiheit. Unter Freiheit verstehen wir nicht, daß man tun kann, was einem beliebt, nicht Willkür, Revolte, undiszipliniertes Handeln und so weiter. Freiheit ist nicht Mangel an Disziplin, im Gegenteil, Freiheit verlangt große Disziplin: Bitte, beachten Sie, daß das Wort »Disziplin«, für die meisten Menschen ein häßliches Wort, in Wirklichkeit lernen bedeutet. Die Wurzel dieses Wortes bedeutet: *lernen* und nicht: sich anpassen, nicht nachahmen, sondern lernen, nicht gehorchen, sondern herausfinden: Lernen oder herausfinden bringt seine eigene Disziplin mit sich. Daher ist Disziplin, nämlich Lernen, eine ständige Bewegung und nicht bloße Anpassung an ein Verhaltensmuster. Wenn man das begreift – nicht verbal, sondern tatsächlich, wenn man die Wahrheit darin erkennt und sie bis ins Mark hinein spürt –, dann erhält man die Energie, aus dieser Konditionierung durch Angst, dieser Sorge, diesem peinigenden Trübsinn auszubrechen.

Das Verständnis unserer ganzen psychischen Struktur dreht sich um zwei entscheidende Fragen: Was heißt Leben – was wir bereits versucht haben zu ergründen –, und außerdem: Was ist Liebe, was Tod. Denn das ist Teil unseres Lebens, und die Heiligkeit des Lebens liegt darin zu entdecken, was Liebe ist und was Tod ist. Eine solche Heiligkeit kommt nur aus dem Leben im Jetzt – nicht vom Gelebthaben oder in der Zukunft leben –, und in ihm können wir vielleicht entdecken, was Liebe, was der Tod ist. Denn ohne zu wissen, was Liebe und Tod sind, können wir nicht wissen, was Leben ist.

Was ist der Tod, vor dem die meisten von uns sich so fürchten? Kann ein vernünftiger, rationaler, gesunder, nicht morbider, lebendiger Mensch herausfinden, was Sterben bedeutet? Und hier sprechen wir nicht von Menschen, die alt und hinfällig sind, krank und im Begriff, unmerklich zu entschwinden. Ist diese Frage überhaupt von Interesse? Vielleicht weniger für die ältere Generation, die den größten Teil ihrer Zeit schon hinter sich hat, doch es ist eine Frage, die jeden etwas angeht – die Jungen, die Leute mittleren Alters, die

Alten und die Sterbenden. So wie wir herauszufinden suchten, was Leben ist – das, wenn es nicht dieses Schlachtfeld, dieser Konflikt, dieses Elend ist, etwas außerordentlich Heiliges wird (wenn ich dieses Wort gebrauchen darf, ohne daß Sie es bitte herabzusetzen suchen) –, sollten wir auch ergründen, was der Tod ist.
Ich überlege, wie Sie auf diese Frage wohl reagieren. Entweder haben Sie Angst davor, haben Ihre Theorien oder Sie glauben: glauben an das Leben im Jenseits – an Reinkarnation zum Beispiel, an die der ganze Osten glaubt. Sie glauben an Reinkarnation, aber in diesem Leben benehmen Sie sich nicht; es ist nur insofern eine sehr bequeme Theorie, als man eine weitere Chance erhält. Aber davon ganz abgesehen, um das Jetzt zu verstehen, muß man die Vergangenheit verstehen. Man kann nicht sagen: »Ich werde im Jetzt leben« – das hat keinen Sinn, weil das Jetzt der Durchgang der Vergangenheit zur Zukunft ist. Wenn Sie sich sagen: »Ich werde in der Gegenwart leben«, dann *ist* das »Ich«, das leben will, das Resultat der Vergangenheit. Sie können um sich herum einen Kreis ziehen und erklären: »Dies ist das Jetzt oder die Gegenwart«, aber das Wesen, das im Jetzt lebt, ist das Resultat der Vergangenheit: es ist gänzlich Vergangenheit. Im Jetzt, in der Gegenwart leben – nicht ideologisch, nicht aufgrund einer Schlußfolgerung noch einer Behauptung –, sondern tatsächlich vollständig in der Gegenwart leben, das bedeutet, man muß unkonditioniert und frei sein.
Wenn wir uns fragen, was Sterben ist, was der Tod, so ist das keine neurotische Frage: im Gegenteil, sie zeigt, daß man sehr gesund, vernünftig und im Gleichgewicht ist, denn sonst würde man die Frage nicht stellen. Sie bedeutet, daß man keine Angst mehr davor hat, die Antwort zu erfahren. Es liegt auf der Hand, daß der Körper dahinschwindet, der Organismus bricht nach ständigem Verschleiß zusammen. Man kann ihn ein wenig länger erhalten, wenn man vernünftig lebt, ohne allzu viel Druck, Spannung und Aufregung. Oder die Ärzte und Wissenschaftler erfinden vielleicht eine Pille oder etwas, das weitere vierzig oder fünfzig Jahre gewährt – obgleich ich keinen Sinn darin sehe, noch weitere fünfzig Jahre in dieser Falle zu leben. Wenn man nach dem Sterben fragt, muß man auch fragen, was es bedeutet, tatsächlich zu leben – wenn man so leben kann –, ohne all die Mühsal: das heißt, mit dem Leben, wie wir es kennen, aufzuhören. Denn das geschieht, wenn man stirbt: alles hört auf.

Seele oder Atman, wie die Hindus sagen, ist nur ein Wort. Man weiß nicht, ob es eine Seele, ein bleibendes »Etwas« gibt. Gibt es in uns etwas Bleibendes oder wünschen wir uns nur, daß es etwas Bleibendes gibt? Wer sich selbst beobachtet, entdeckt nichts von Dauer: Alles ist in Bewegung, im Zustand des Fließens. Und wenn man stirbt, stirbt man für alle Dinge, die man gekannt hat: Familie, Kinder, Arbeit, Bücher, die man schreiben wollte oder geschrieben hat, Erfahrungen, alle Dinge, die man angehäuft hat, und Verantwortungen. Es ist das Aufhören, psychisch sowie physisch, all dessen, was man kennt. Das ist der Tod. Ich glaube, die meisten von uns würden dem zustimmen.

Nun, kann man jeden Tag für alles sterben, was man kennt – außer natürlich das technische Wissen, die Anschrift Ihres Wohnhauses und so weiter; das heißt also, jeden Tag psychisch aufhören, so daß das Bewußtsein frisch, jung und unschuldig bleiben kann? Das *ist* Tod. Um dahin zu gelangen, darf es nicht den Schatten einer Angst geben. Aufgeben ohne jedes Argument, ohne jeden Widerstand. Das ist Sterben. Haben Sie es jemals versucht? Ohne ein Wort, ohne Vorbehalt, ohne Widerstand das aufzugeben, was einem am meisten Vergnügen bereitet (die schmerzlichen Dinge will man natürlich auf jeden Fall loswerden). Wirklich loszulassen. Versuchen Sie es! Und wenn Sie es tun, werden Sie sehen, daß Ihr Geist außerordentlich wach, lebendig und sensibel, frei und unbelastet wird. Dann gewinnt auch das Alter eine ganz andere Bedeutung, ist dann nicht mehr etwas, vor dem man sich fürchtet.

Man muß auch selbst herausfinden, was Liebe ist. Das ist eines der am meisten befrachteten Worte; jeder benutzt es, und sein Gebrauch reicht vom Raffiniertesten bis zum Simpelsten. Aber was bedeutet es wirklich? Welches ist der Zustand eines liebenden Herzens und Bewußtseins? Ist Liebe Lust? Stellen Sie sich bitte selbst diese Fragen. Ist Liebe Begehren? Wenn sie Lust ist, muß sie Hand in Hand gehen mit Schmerz. Wenn mit Liebe Lust und Schmerz verbunden sind, dann ist es offensichtlich keine Liebe. Wie Sie sich erinnern werden, haben wir festgestellt, daß Lust ein Produkt des Denkens ist. Wer über das sexuelle Erlebnis, das er hatte, nachdenkt – es durchkaut, sich ein Bild davon macht –, der will diesem lustvollen Erlebnis Dauer verleihen. Das Denken erzeugt Lust und löst zudem Angst aus: Angst vor dem Morgen, Angst vor der Ver-

gangenheit, Nachdenken darüber, was man getan hat, Nachdenken über physische Schmerzen, die man verspürt hat, und Furcht, der Schmerz könne wiederauftreten. Das Denken brütet also Lust, Angst und Schmerz aus, kann man das Liebe nennen? Aber wir kennen nichts anderes, und das ist es, was wir Liebe nennen. Ich liebe meine Frau, und wenn diese Frau, von der ich abhängig bin, aufgrund von Sex, der Mahlzeiten, die sie für mich kocht, und weil sie die Familie aufrechterhält, wenn sie sich abwendet und einen anderen anschaut, bin ich zornig, wütend und eifersüchtig – und das nennt man Liebe. Dann erfindet der Mensch noch die Liebe zu einem Gott – einem Gott, der nichts verlangt, der einem nicht den Rücken zukehrt. Sie haben ihn sich gleichsam in die Tasche gesteckt und sind sicher, daß er Sie in Ihrer Eifersucht, in Ihren Ängsten beschützt, und er leitet Sie zu noch schlimmerer Grausamkeit an.

All das nennt sich »Liebe«, aber ist es Liebe? Offensichtlich nicht, denn Liebe ist kein Produkt des Denkens. Liebe kann man nicht kultivieren. Liebe kann man nicht mit Lust erkaufen: Wie kann ein aggressiver, ehrgeiziger, konkurrierender Mensch lieben? Und wenn er herausfinden will, was Liebe ist – tatsächlich, nicht theoretisch –, muß er seinen Ehrgeiz, seine Habgier, seinen Haß auf andere aufgeben und alles völlig ablegen, was nicht Liebe ist. Aber sehen Sie, wir spielen mit all diesen Dingen und reden dann von Liebe. Wir sind keine wirklich ernsthaften Menschen, und weil wir nicht ernst machen, ist unser Leben wie es ist. Ohne Sterben also keine Liebe, denn die Liebe ist immer neu und keine Routineangelegenheit von Sex und Lust. Für die meisten von uns, überall auf der Welt, ist Sex ein außerordentliches Problem geworden, oder vielmehr, ein Problem, das uns erfreut. Fragen Sie sich nie, warum das so ist? Es hat den Anschein, als sei der Sex gerade erst entdeckt worden, so wie er in jeder Zeitschrift und überall sonst herausgestellt wird. Warum ist er ein so hartnäckiges, so dauerhaftes Problem geworden, mit dem das Wort »Liebe« verbunden wird? Schlaue Menschen werden vermutlich viele Argumente anführen, warum der Mensch sich über diese eine Sache so erregt. Aber alle Experten und intellektuellen Gurus einmal beiseite gelassen, können wir erkennen, warum man in diese Sache so verstrickt ist?

Sie werden diese Frage beantworten müssen. Sie können sie nicht einfach wegwischen, denn sie ist Teil unseres Lebens, Teil dessen,

was wir Liebe nennen, das zu einer solchen Schlacht, einem solchen Elend verkommen ist. Warum ist Sex ein Problem geworden? Oder sollte man besser fragen, warum er augenscheinlich das einzige ist, worin der Mensch noch frei ist? Darin geht er völlig auf: In diesem Augenblick ist er nicht mehr all das Elend, all die Erinnerungen, Qualen, Konkurrenzkampf, Aggression, Gewalt und Kampf. Er ist ganz einfach nicht da. Und weil er abwesend ist, ist Sex so wichtig geworden; denn dann herrscht nicht mehr die Trennung zwischen »Ich« und »Du«, »Wir« und »Sie«. Diese Trennung ist aufgehoben, und in diesem Augenblick erlebt man vielleicht große Freiheit. Vielleicht ist Sex so ungemein wichtig geworden, weil er das einzige uns verbliebene Gebiet ist, auf dem wir noch eine solche Freiheit erleben können. In allen anderen sind wir nicht frei. Intellektuell, emotional und physisch sind wir zwanghaft eingeschränkte Menschen aus zweiter Hand, gründlich geprägt von unserer technologischen Gesellschaft. Ohne Freiheit, außer im Sex, ist dieser Sex wichtig und deshalb ein Problem geworden. Wir meinen nicht, daß Sie keinen Sex haben sollen – das wäre absurd. Aber können wir endlich aufhören, Sklaven, Menschen aus zweiter Hand zu sein, die endlos wiederholen, was man ihnen über Dinge eingeredet hat, welche gar nicht so wichtig sind, Menschen, die ständig in einer ideologischen Welt leben, das heißt mit Phrasen leben, und die daher gar nicht wirklich leben? Dann, wenn man rundherum frei ist, sowohl intellektuell als auch im Herzen, dann ist dieses Problem vielleicht gar nicht so schwerwiegend.

Wenn wir all das von Anfang bis Ende beobachten und bemerken, daß wir uns überhaupt nicht ändern, dann müssen wir uns fragen, warum wir nicht Energie genug haben, uns zu ändern. Wir besitzen die ungeheure, außerordentliche Energie, um auf den Mond zu fliegen, jedoch offenbar nicht genug, um uns zu ändern. Und dennoch versichere ich Ihnen, daß es eines der einfachsten Dinge ist und daß es ganz leichtfällt, wenn Sie nur wissen, wie Sie sehen müssen. Wenn Sie *tatsächlich* sehen können, »was ist«, ohne es zu ändern, zu verdrängen, darüber hinwegzugehen oder davor zu fliehen, dann werden Sie erkennen, daß das, »was ist«, einen gewaltigen Wandel durchmacht. Das heißt, wenn der Geist in vollkommen stiller Beobachtung verharrt, dann geht radikaler Wandel vor sich. Und das Betrachten all dieser Dinge, das Beobachten tief in einem selbst,

führt uns zu der weiteren Frage: Was ist Meditation? Denn ein Geist, der nicht meditativ ist, kann diese ganze Struktur, diese Kette unseres Lebens nicht verstehen. Vielleicht können wir morgen über den religiösen Geist sprechen, der keiner bornierten Organisation angehört, sondern frei bleibt und deshalb religiös ist; das heißt über den Geisteszustand während des Meditationsaktes. Das ist nicht als Aufforderung gemeint, daß Sie morgen wiederkommen sollen. (*Gelächter*)

Wenn Sie mögen, können wir vielleicht jetzt noch einige Fragen behandeln.

[F]: Warum hat jeder von uns die »Ich«-Struktur? Woher kommt sie?

[K]: Die Frage lautet, warum es ein getrenntes »Ich« gibt. Warum dieses eigentümliche Wesen, das sich für so verschieden von den anderen Wesen hält? Warum dieses »Ich« mit all seinen Problemen und das »Du« mit all seinen Problemen – das ebenfalls ein »Ich« ist? Das »Ich« unterscheidet sich nicht vom »Du«, denn Sie haben die gleichen Probleme. Sie kleiden sie nur in andere Worte, Sie drücken sie nur anders aus. Aber es ist immer noch das »Ich«, das sich anders ausdrückt. Hier bin ich, in Indien geboren und im Ausland erzogen, und da sind Sie, hier geboren und erzogen, mit Ihren Problemen; und wenn ich Probleme habe, was ist der Unterschied zwischen Ihnen und mir – natürlich nicht physisch? Sie haben vielleicht ein größeres Bankkonto, ein größeres Haus und ein schönes Auto. Sie besitzen vielleicht viel mehr Dinge als der andere, aber gibt es außer einer besseren Formalbildung und der Möglichkeit, sie anzuwenden, außer einem besseren Arbeitsplatz und ähnlichem einen grundlegenden Unterschied? Wenn es keinen Unterschied gibt, warum machen wir dann so viel Aufhebens davon – du und ich, sie und ich, wir und sie, die Schwarzen und die Weißen, die Gelben und die Braunen – warum? Es ist sehr lustvoll, sich abzugrenzen, und es liegt soviel Eitelkeit darin: Ich bin originell, einzigartig, wunderbar, und Sie halten sich für genauso großartig, sagen es bloß in etwas abgemilderter Form. Diese Eitelkeit, die besagt, jeder von uns sei so ungemein einzigartig, verschafft uns große Lust.

Sind wir einzigartig? Sie haben Kummer und der andere auch; Sie sind verwirrt wie der andere, unsicher, ängstlich, aggressiv, brutal, argwöhnisch, und schuldig wie der andere. Wenn wir uns also von

dieser grundlegenden Aufspaltung in »Ich« und »Du«, »Wir« und »Sie« befreien, gibt es dann überhaupt noch eine Spaltung? Ist dann nicht der Beobachter das Beobachtete, das Sie selbst sind? Darin liegt tiefstes Mitgefühl. Erst wenn ich eine Mauer um mich errichte, wenn Sie ebenfalls eine Mauer um sich errichten, eine Mauer des Widerstandes, dann beginnt das ganze Elend. Auch die Sozialstruktur fördert dieses »Ich« und dieses »Du«. Können wir uns in unserem Denken und in unserer Gesellschaft nicht von dieser Aufspaltung befreien, die unsere Eitelkeit hervorgebracht hat? Wenn Sie erst so weit gekommen sind, werden Sie wahrscheinlich herausfinden, was Liebe ist.

[F]: Würden Sie etwas über die Mühe sagen, die es manchmal bereitet, wenn man versucht, sich seiner bewußt zu werden?

[K]: Was ist Mühe? Warum sollten wir uns abmühen? Ich weiß, es ist akzeptierte Tradition, sich anzustrengen, sonst sei man ein Niemand, ein Gott-weiß-was. Daher muß man sich um jeden Preis anstrengen: Das ist die Konditionierung, die Tradition, die akzeptierte Norm. Nun, was ist also Anstrengung, warum müssen wir uns anstrengen? Das ist eine sehr wichtige Frage. Kommt es zu irgendeiner Anstrengung, wenn kein Widerspruch vorliegt? Bitte, folgen Sie mir. Wenn das »Ich« und »Du« *ist* – was wirklich eine ungemeine Tiefe des Gefühls und des Verstehens erfordert: denn man kann nicht einfach behaupten, das »Ich« sei das »Du«, das hätte keinen Sinn –, wenn beide in ihrer Beziehung eins sind, und folglich ohne Widerspruch, wozu braucht es dann Anstrengung? Dann gibt es keine Anstrengung. Es gibt sie nur dann, wenn ein psychischer Widerspruch vorliegt, das heißt: zwischen dem, »was ist«, und dem, »was sein sollte«, dem Gegensatz – das ist Widerspruch. Wenn das »was ist«, zu dem, »was sein sollte«, werden will, wenn Gewalt gewaltlos zu sein versucht – dann liegt darin ein Widerspruch, und daher die Anstrengung, die Mühe, etwas zu werden, was nicht ist. Im Grunde setzt Anstrengung also Widerspruch voraus: Ich bin dies, aber ich will etwas anderes sein; ich bin ein Versager, aber bei Gott, ich werde erfolgreich sein; ich bin zornig, aber ich werde aufhören, zornig zu sein, und so weiter. Eine Reihe von gegensätzlichen Richtungen und folglich Konflikte.

Gibt es, psychologisch gesprochen, einen Gegensatz? Oder gibt es immer nur das, »was ist«? Weil der Geist mit dem, »was ist«, nicht

umgehen kann, erfindet er den Gegensatz, das, »was sein sollte«. Wenn er mit dem, »was ist«, umgehen könnte, käme kein Konflikt auf. Wenn der Geist aufhören könnte, sich mit dem Helden, dem Perfekten, dem Glorreichen und was noch zu messen, wäre er das, was er ist. Frei von allen Vergleichen, frei vom Gegensatz, wird das, »was ist«, zu etwas ganz anderem. Damit ist überhaupt keine Anstrengung verbunden. Anstrengung bedeutet Entstellung, und Anstrengung ist Teil des Willens, der entstellt. Aber für uns sind Wille und Anstrengung unser tägliches Brot; wir wachsen damit auf: Du mußt in der Prüfung besser abschneiden als der andere Junge – all das! Und ein solches Aufwachsen bedeutet viel Unrecht und Unglück. Also, das zu sehen, »was ist«, und sich dessen *ohne jede Wahl* bewußt zu sein, das befreit den Geist vom Widerspruch der Gegensätze.

[F]: Sie haben gestern gesagt, daß etwas Außerordentliches geschehen würde, wenn man den Kreis um die Familie aufgeben könnte. Ich würde das sehr gern verstehen.

[K]: Zunächst, *ist* man sich dessen bewußt – nicht verbal –, daß da eine Mauer um einen herum ist? Jeder von uns hat eine Mauer um sich: eine Mauer des Widerstands, der Angst und Sorge. Das um mich herum aufgebaute »Ich«, das so die Mauer hochzieht; das »Ich« in der Familie, deren einzelne Mitglieder außerdem von ihrer eigenen Mauer umgeben sind. Dann die ganze Familie mit einer Mauer um sich herum, und ähnlich die Gemeinschaft und die Gesellschaft. Ist man sich dessen bewußt? Sind wir nicht der Meinung, die Mauer sei notwendig, da wir nun einmal in dieser Welt leben, denn sonst würden das »Ich« und auch die Familie zerstört werden? Wir lassen also die Mauer als etwas Sakrosanktes bestehen. Nun, wenn man sich dessen bewußt ist, was geschieht dann? Wenn man diese Mauer um sich, um die Familie ganz und gar beseitigt, besteht dann die Familie nicht mehr? Was geschieht dann mit dem Konkurrenzkampf zwischen dem »Ich«, der Familie und dem Rest der Welt? Wir wissen sehr wohl, was stattfindet, wenn die Mauer vorhanden *ist* – dann haben wir Widerstand, Konflikt, immerwährenden Kampf und Schmerz, weil jede abgrenzende Bewegung, jede egozentrische Tätigkeit Konflikt und Schmerz hervorruft. Wenn man sich die Eigenart und die Struktur dieses Kreises, dieser Mauer ganz und gar bewußt gemacht hat und begreift, wie sie entstanden ist –

das heißt unmittelbare Vergegenwärtigung dieser ganzen Angelegenheit –, was geschieht dann? Wenn wir die Trennung zwischen »Ich« und »Du«, »Wir« und »Sie« aufheben, was geschieht? Nur dann, und nicht vorher, kann man vielleicht das Wort »Liebe« verwenden. Und Liebe ist etwas höchst Außerordentliches, das sich nur einstellt, wenn kein »Ich« mit seinem Kreis oder seiner Mauer vorhanden ist.

[F]: Wenn ich versuche, mich selbst zu beobachten, warum befinde ich mich als Beobachter sozusagen draußen?

[K]: Haben Sie jemals eine Wolke betrachtet? Wenn Sie das getan haben, dann werden Sie wissen, daß nicht nur eine physikalische Distanz besteht, mit Entfernung und Zeit, sondern daß außerdem innerlich eine Distanz vorhanden ist. Das heißt, Ihr Geist ist dermaßen mit anderen Dingen beschäftigt, daß Sie dem Eindruck gar nicht wirklich Aufmerksamkeit widmen; Sie kennen all die üblichen Ausdrücke, etwa »Wie schön!«, »Wie bezaubernd!«, doch alle diese verbalen Äußerungen dienen als Barriere, die einen hindert, die Wolke wirklich anzuschauen. Stimmt's? Kann man also diese Wolke non-verbal betrachten, das heißt ohne das Bild, das man sich von Wolken macht? Weil das da drüben ein objektiver Gegenstand ist, geht das vielleicht ziemlich leicht, aber kann man sich selbst nonverbal betrachten? Das heißt nämlich, die Barrieren von Kritik, Urteil und Verurteilung beseitigen und schlicht zu beobachten. Ist der Geist frei von Mißbilligung und Urteil und ähnlichen Gedanken, verschwindet mit Sicherheit der Raum zwischen Ihnen und dem beobachteten Gegenstand: dann stehen Sie nicht draußen und schauen über die Mauer. Sie sind der Gegenstand selbst. Und falls Sie es sind, stellt sich eine Schwierigkeit ein. Vorher haben Sie es als etwas von Ihnen Abgetrenntes betrachtet, während Sie es jetzt ohne diese Trennung beobachten. Aber jede Bewegung, die Sie in dieser Hinsicht machen, muß immer noch eine Bewegung von außen sein. Wenn Sie es jedoch *ohne jede Bewegung* anschauen – das heißt in völliger Stille –, dann ist das aus der Stille heraus Beobachtete nicht das, was es war, als Sie es von jenseits der Mauer betrachteten.

[F]: (unhörbar)

[K]: Ein armer Mann, der zehn Stunden am Tag arbeiten muß, ist offensichtlich entsprechend konditioniert, und obgleich er sich um ein weniges verändern kann, kommt es zu keiner inneren Revolu-

tion, weil er von der Gesellschaft geprägt ist, in der er lebt. Was soll dieser Mann also tun? War das Ihre Frage?

[F]: Was soll ich hinsichtlich dieses Mannes tun?

[K]: Sie fragen nach Ihrer Beziehung zu diesem Mann? Darf ich es anders ausdrücken? Welche Beziehung besteht zwischen Ihnen und mir? Ich habe geredet, wie ich es die meiste Zeit meines Lebens getan habe, und übermorgen werde ich abreisen. Worin besteht also unsere Beziehung? Haben wir überhaupt eine Beziehung? Sie haben augenscheinlich ein Bild von dem Sprecher: Was er gesagt hat oder nicht, ob Sie ihm zustimmten oder nicht und so weiter. Besteht da überhaupt eine Beziehung? Und gibt es tatsächlich eine Beziehung zwischen dem Menschen, der lebendig, wach, aktiv, innerlich entflammt ist, und dem Mann, der erklärt: »Laß mich um Gottes willen in Frieden, ich bin gefangen in der Falle dieser Gesellschaft und kann mich nicht verändern.« Die Beziehung zu einem solchen Menschen kann entweder gefühlvoll oder voller Mitgefühl sein – nicht aber herablassend. Wenn man lebendig und sich all dieser Dinge bewußt ist, die innerlich und äußerlich ablaufen, dann verändert man sich. Und es ist immer die intelligente Minderheit, die ihrerseits die Struktur der Gesellschaft und der Welt verändert. So wird vielleicht eine andere Welt möglich sein.

[F]: Diese innere psychische Revolution, von der Sie gesprochen haben: Sie hat weder in mir noch in einem meiner Freunde stattgefunden, noch, soweit ich sehen kann, in vielen Menschen im Verlauf der Geschichte. Wenn ich versuche zu erkennen, »was ist«, und wenn ich erkenne, »was ist«, geschieht immer noch nichts. Und trotzdem scheinen Sie Hoffnung machen zu wollen, daß es geschehen kann, und diese Ihre Hoffnung erscheint mir daher als ein Widerspruch zu dem, »was ist«.

[K]: Ich hoffe, daß ich niemandem irgendwelche Hoffnungen mache. (*Gelächter*) Das wäre ja ganz schrecklich. Wenn Sie Hoffnung erwarten – von mir oder von jemand anderem –, dann vermeiden Sie die Verzweiflung, die ist, was wirklich ist. Bitte, lassen Sie uns das weiter verfolgen. Können Sie diese Verzweiflung anschauen, die ist, was wirklich ist, – nicht die Hoffnung, die eine bloße Annahme ist, etwas, das Sie sich wünschen –, sondern tatsächlich die Angst und Verzweiflung anschauen? Können Sie sie ohne Hoffnung und Verurteilung anschauen? Können Sie sie so sehen, wie sie tatsächlich

ist, und unmittelbar in Kontakt mit ihr treten? Das heißt, die Verzweiflung non-verbal, ohne Angst, ohne jede Entstellung zu sehen. Können Sie das? Wenn Sie das, »was ist«, absolut, ohne jede Entstellung anschauen können, dann werden Sie erleben, daß das Ganze eine ungeheure Wandlung durchmacht: Es ist keine Verzweiflung mehr, sondern etwas gänzlich anderes. Doch leider sind die meisten von uns konditioniert, und wir hoffen immer auf das Ideale, das eine Ausflucht ist. Wenn wir alle Ausflüchte, alle Hoffnungen fahren lassen – nicht in Bitterkeit oder Zynismus, sondern weil wir erkennen, daß nur diese Angst und Verzweiflung da ist –, dann sind Sie frei für das Schauen. Und wenn der Geist frei ist, ist dann noch Verzweiflung?

[F]: Ist Sex immer eine Ausflucht?

[K]: Kann ich nicht sagen. (*Gelächter*) Ist er es für Sie? Sehen Sie, das ist genau der Punkt: Er wird zur Ausflucht, wenn er das einzige ist, worin Sie sich von Ihrem täglichen Elend, von Anstrengung und Widerspruch frei fühlen; und so wird er zur Tür, durch die man entkommen kann. Und wenn Sie so fliehen, erzeugt genau diese Flucht Angst. Wenn Sie sich aber darüber im klaren sind, daß es eine Flucht ist, dann verändert sich alles.

4

Das ist unser letztes Gespräch. Möchten Sie, daß wir noch über das Thema Meditation sprechen, wie früher vorgeschlagen wurde?

Auditorium: Ja.

[K]: Bevor wir uns damit beschäftigen, sollten wir, denke ich, über die Frage von Leidenschaft und Schönheit nachdenken. Das Wort »Leidenschaft« ist von »leiden« abgeleitet, aber wir gebrauchen dieses Wort hier in einem anderen Sinn als dem von Leid oder Lust. Ohne Leidenschaft kann man nicht viel tun, und es erfordert Leidenschaft, um sich mit der äußerst komplexen Frage nach dem Wesen der Meditation auseinanderzusetzen. In diesem Sinne meinen wir – und vielleicht geben wir dem Wort damit eine andere Bedeutung –, daß sich Leidenschaft einstellt, wenn man auf »Ich« und »Du«,

»Wir« und »Sie« restlos verzichtet und wenn mit diesem Verzicht ein tiefes Gefühl von Enthaltsamkeit verbunden ist. Wir meinen nicht die Enthaltsamkeit des Priesters oder Mönchs, deren Enthaltsamkeit brutal ist, vorgeschrieben und aufrechterhalten durch Kontrolle und Verdrängung. Wir reden von einer Leidenschaft als Ergebnis einer Enthaltsamkeit, die nicht brutal ist. Ein enthaltsamer Geist ist wahrlich ein schöner Geist. Schönheit wiederum ist eine ziemlich komplexe Frage. In unserem Leben ist so wenig davon: Wir wohnen hier in einem schönen Gebäude, umgeben von einem herrlichen Wald mit wunderbaren alten Bäumen, mit blauem Himmel und prächtigen Sonnenuntergängen, aber Schönheit ist nicht der Kern von Erfahrungen. Schönheit ist nicht der Gegenstand, den allein der Mensch geschaffen hat. Um zu erfahren, was zutiefst schön ist, muß im Geist nicht nur Stille herrschen, sondern auch großer Raum. Ich hoffe, all dies klingt nicht ziemlich absurd, aber ich glaube, es wird im weiteren Verlauf verständlich.

Wir haben so wenig Raum in uns. Unser Geist ist beschränkt, eng, seicht, nur auf uns bedacht und an verschiedene Tätigkeitsformen gebunden – soziale, persönliche, idealistische und so fort. Während es zwischen Beobachter und Beobachtetem und auch um und innerhalb dieser Widerstandsmauer, die das »Ich« bildet, einen gewissen Raum gibt, ist da noch ein anderer Raum, der weder vom Zentrum noch von der Mauer des Widerstands beengt ist. Und dieser Raum ist, neben Schönheit und Leidenschaft, entscheidend für das Verständnis der Meditation. Wenn Sie wollen, gehen wir näher darauf ein.

Der Westen hat sein eigenes Wort, »Kontemplation«, aber in meinen Augen ist das nicht dasselbe wie Meditation, wie sie im Osten verstanden wird. Lassen wir zunächst beiseite, was man im allgemeinen unter dem Wort Meditation versteht, nämlich daß man durch Meditation ein großes Ziel, eine große Erfahrung erreicht. Später können wir das Wahre oder Falsche dieser Vorstellung überdenken. Die Bedeutung von Meditation ist: nachsinnen, nachdenken, bedenken, in tieferem Sinne prüfen, sich in etwas nicht ganz Verstandenes hineinfühlen, sich in das Geheimnis und die geheimen Winkel des eigenen unerforschten Geistes und der Gefühlstiefen hineintasten. Meditation in der wirklichen Bedeutung des Wortes hat ihre eigene besondere Schönheit, und wir sprechen von ihr auch als

einem der außerordentlichsten Dinge unseres Lebens – sofern man alles kennt, was sie bedeutet. Eine solche Meditation transzendiert jede Erfahrung. Sie ist keine mystische, romantische oder sentimentale Sache; sie erfordert vielmehr einen ungeheuren Grundstock an Redlichkeit, Tugend und Ordnung. Außerdem muß man die Frage der Erfahrung voll verstanden haben. Und so muß man sich nicht nur verbal damit beschäftigen, sondern sich auch in etwas einfühlen, das sich nicht durch Worte allein vermitteln läßt. Sie ist kein durch Denken induzierter visionärer, mystischer Zustand, sondern etwas, das sich natürlich und leicht einstellt, wenn ihm rechtes Verhalten zugrunde liegt. Ohne diese Grundlage ist Meditation lediglich Flucht, Phantasie, etwas, das man als Weg zu irgendwelchen phantastischen Grenzerfahrungen genießt.

Befassen wir uns also mit dieser Meditation. Das sollte man auch, weil sie so wichtig ist wie Liebe, Tod und Leben – vielleicht noch viel wichtiger –, denn aus dem meditativen Geist kommt Einsicht in die Wahrheit. Zu Anfang, meine ich, sollten wir uns ganz klarmachen, was an der allgemein akzeptierten Auffassung von Meditation sowohl im Osten als neuerdings auch in diesem Land falsch oder wahr ist. Im Osten wird darunter im allgemeinen eine Praxis verstanden, die zur Gedankenkontrolle führt, zu einer Kontrolle, die auf einer bestimmten Methode oder einem System beruht. Es gibt zahlreiche Systeme dieser Art in Indien, auch in der buddhistischen Welt, einschließlich Zen. Es werden Systeme und Methoden angeboten, durch deren Anwendung der Zustand der Stille eintritt, in dem die Wirklichkeit sich offenbart. Das wird im allgemeinen unter den verschiedenen Formen der Meditation verstanden.

Interessiert Sie all dies? Ich kann mir nicht vorstellen, warum, denn mich interessiert das alles überhaupt nicht. (*Gelächter*)

Systeme wurden von den Swamis, den Yogis, den Maharishis und solchen Leuten erfunden; Meditationen über eine Folge von Wörtern und ihre Bedeutungen oder über einen Satz, ein Bild, ein Sinnbild oder ein Zitat von angeblich großer Bedeutung. Da ist außerdem der sogenannte »Mantra-Yoga«, der hierzulande Eingang gefunden hat und in dem man bestimmte Sanskrit-Worte wiederholt, die der Guru dem Schüler im geheimen mitteilt. Diese Worte wiederholt man drei- oder viermal am Tag oder hundert- oder tausendmal, wie oft auch immer, wodurch der Geist in Ruhe versetzt

wird und man befähigt wird, aus dieser Welt in eine andere Welt überzugehen. Es liegt auf der Hand, daß die Wiederholung einer Wortfolge – ob in Sanskrit, Latein, Englisch oder sogar, wenn Sie wollen, in Griechisch oder Chinesisch – im Geist eine gewisse Stille hervorruft, da das zu wiederholende Wort eine bestimmte Qualität besitzt, die einen bereits dumpfen Geist noch dumpfer zu machen geeignet ist. (*Gelächter*) Nein, bitte, lachen Sie nicht; ich meine es ganz ernst, denn dies ist eine der Praktiken, die mit Varianten im Osten sehr verbreitet sind, wobei damit die Vorstellung verbunden ist, daß ein endlos schweifender Geist sich durch Wiederholung beruhigt. So ist das Wort sehr wichtig, besonders wenn es aus dem Sanskrit stammt, weil das eine ungewöhnliche Sprache ist, die eine bestimmte Tonalität und Qualität hat; und man hofft, daß man dadurch etwas erreicht. Sie können aber auch ein Wort wie »Coca-Cola« oder »Pepsi-Cola« wiederholen – oder was immer Sie wollen –, denn auch dann werden Sie ein ungewöhnliches Gefühl haben. (*Gelächter*) Sie sehen also, daß solche Wiederholung, wie sie nicht nur im Osten, sondern auch in den katholischen Kirchen und Klöstern praktiziert wird, den Geist ziemlich seicht, leer und stumpf macht. Sie verschafft ihm keine Sensibilität, das heißt keine Wahrnehmungsqualität. Wieder sieht der Mensch, der wiederholt, nur das, was er sehen will. Diese besondere Form dessen, was Meditation genannt wird, können wir also getrost aufgeben – und zwar intelligenterweise nicht, weil jemand uns dazu auffordert, sondern weil wir einsehen, daß der Geist durch Wiederholung offensichtlich ziemlich stumpf und unsensibel wird. Bitte, glauben Sie nicht, daß der Sprecher Sie zu einer bestimmten Methode oder zu einem System überreden will – er hält nichts davon; für die Meditation gibt es keine Methode, wie Sie gleich sehen werden.

Andere Systeme hingegen schreiben eine ganze Reihe von Körperstellungen vor, die, wenn Sie richtig sitzen, mit überkreuzten Beinen und tief atmend, den Geist ruhigstellen sollen. Von einem großen Lehrmeister wird berichtet, daß er im Garten herumging, als ein Schüler sich ihm näherte und sich niedersetzte, die vorgeschriebene Stellung einnahm und nun darauf wartete, daß der Meister ihm weitere Anweisungen gab. So setzte der Meister sich neben ihn und beobachtete im Sitzen den Schüler, der die Augen geschlossen und begonnen hatte, tief zu atmen. Darauf fragte der Lehrer ihn: »Was

tust du, mein Freund?« Der Schüler: »Ich suche die höchste Bewußtseinsstufe zu erreichen.« Darauf hob der Lehrer zwei Kieselsteine auf und begann sie gegeneinander zu reiben. Während er sie so rieb, öffnete der Schüler, der sich auf der höchsten Bewußtseinsebene befand, seine Augen, beobachtete den Meister bei seinem Tun und fragte: »Meister, was tut Ihr?« Der Meister antwortete: »Ich reibe zwei Steine gegeneinander, um aus einem einen Spiegel zu machen.« Da lachte der Schüler und meinte: »Meister, das könnt Ihr zehntausend Jahre lang tun, und trotzdem werdet Ihr nie einen Spiegel aus einem Stein machen.« Worauf der Meister entgegnete: »Du kannst die nächsten zehntausend Jahre lang so sitzen und wirst nie das Gewünschte erreichen.«

Da gibt es also Systeme des Atmens und der richtigen Körperstellung. Es liegt auf der Hand, daß beim aufrechten Sitzen oder flachen Liegen das Blut leichter in den Kopf fließt, während zu starkes Beugen den Blutfluß eher behindert – daher der aufrechte Sitz. Regelmäßiges Atmen fördert tatsächlich die Sauerstoffaufnahme des Blutes und wirkt daher beruhigend auf den Körper, und daran können wir ermessen, wie wichtig oder unwichtig das ist. Die Vorstellung dabei ist, daß man, sofern man die vom Guru vorgeschriebene Methode praktiziert, jeden Tag mehr Einsicht oder Stille erlangt und so dem Himmel, dem Größten auf Erden oder jenseits der Erde ein wenig näher kommt. Der Guru ist angeblich erleuchtet und weiß mehr als der Schüler. Das Wort »Guru« bedeutet im Sanskrit »der den Weg zeigt«; wie ein Wegweiser zeigt er nur. Er sagt nicht, was man tun soll. Er nimmt einen nicht einmal an der Hand und führt einen: Er zeigt nur den Weg und überläßt Ihnen zu tun, was Sie wollen. Aber das Wort »Guru« ist von denen, die es auf sich selbst anwenden, korrumpiert worden, und zwar weil solche Gurus Methoden offerieren.

Was ist nun eine Methode, ein System? Bitte, hören Sie genau zu, denn indem Sie das Falsche ablegen – das heißt durch Negierung –, finden Sie das Wahre. So wollen wir verfahren. Wenn man das offensichtlich Falsche nicht restlos negiert, kann man zu keinem Verständnis irgendwelcher Art gelangen. Diejenigen unter Ihnen, die bestimmte Systeme oder Formen von Meditation praktiziert haben, können sich diese Frage selbst stellen. Wenn Sie etwas regelmäßig Tag für Tag praktizieren, um zwei oder drei Uhr morgens aufstehen,

wie die Mönche der katholischen Kirche, oder sich zu bestimmten Tageszeiten still hinsetzen, sich selbst kontrollieren und das Denken entsprechend dem System oder der Methode ausrichten, können Sie sich selbst fragen, was Sie damit erreichen wollen. Sie folgen ja einer Methode, die Belohnungen verspricht. Und wenn Sie Tag für Tag eine Methode praktizieren, bekommt Ihr Geist offensichtlich etwas Mechanisches. Darin liegt keine Freiheit. Eine Methode setzt einen Weg voraus, der von einem anderen festgelegt wurde, der angeblich weiß, was er tut. Und wenn Sie – wenn ich das sagen darf – nicht intelligent genug sind, das zu durchschauen, werden Sie in einen mechanischen Vorgang hineingeraten. Das heißt, indem Sie täglich üben, täglich an sich polieren, das Leben zur Routine machen, werden Sie allmählich, letztendlich – es kann fünf, zehn oder jede Menge von Jahren dauern – in einem Zustand sein, der Sie erkennen läßt, was Wahrheit ist, was Erleuchtung und Wirklichkeit und so weiter. Es liegt auf der Hand, daß keine Methode das zu leisten vermag, denn eine Methode setzt Praxis voraus, und ein Geist, der Tag für Tag etwas praktiziert, wird mechanisch, verliert seine Sensibilität und Frische. Daran läßt sich erkennen, wie falsch die angebotenen Systeme sind. Aber es gibt noch andere Systeme, darunter Zen und verschiedene okkulte Systeme, deren Methoden nur weniger offenbart werden. Der Sprecher ist mit einigen von ihnen bekannt geworden, hat sie jedoch von Anfang an als sinnlos fallengelassen.

Nach genauer Prüfung, mit Verständnis und Intelligenz kann man also auf die bloße Wortwiederholung verzichten, genauso auf den Guru – der Autorität verkörpert, als der eine Wissende gegenüber all den Unwissenden. Der Guru oder der Mensch, der zu wissen behauptet, ist *nicht* wissend. Man kann nicht einmal wissen, was Wahrheit ist, da sie etwas Lebendiges ist, während eine Methode, ein Weg die Schritte festlegt, die man absolvieren muß, um zur Wahrheit zu gelangen – als ob die Wahrheit etwas Fixiertes, dauerhaft Feststehendes wäre, etwas Ihrer Bequemlichkeit Dienendes. Wenn Sie also auf die Autorität völlig verzichten – nicht teilweise, sondern *vollständig*, einschließlich der des Sprechers –, dann werden Sie sich ganz natürlich, von allen Systemen und der bloßen Wortwiederholung trennen.

Wenn wir auf all das verzichtet haben, können wir vielleicht jetzt

weitergehen, um herauszufinden, was der meditative Geist ist. Wie gesagt, muß eine Grundlage an richtiger Einstellung da sein, nicht als Streben nach einer für richtig gehaltenen Idee, die in der Praxis des Alltagslebens zur bloßen Ehrbarkeit verkommt, von Redlichkeit weit entfernt. Das ehrbare, von der Gesellschaft als Moral akzeptierte Verhalten ist nicht moralisch: Es ist das Gegenteil. Sind Sie damit einverstanden?

Wissen Sie, was es heißt, moralisch zu sein, tugendhaft zu sein? Vielleicht mögen Sie diese beiden Worte nicht, aber um wirklich moralisch zu sein, muß man mit aller Ehrbarkeit Schluß machen – mit jener Ehrbarkeit, welche die Gesellschaft als moralisch akzeptiert. Sie können ehrgeizig, habgierig, neidisch, eifersüchtig, voller Gewalt, konkurrenzsüchtig, destruktiv, begierig zu töten sein, und die Gesellschaft wird trotzdem all dies für moralisch und folglich für äußerst ehrbar halten. Wir meinen hier jedoch eine gänzlich andere Moral und Tugend, die mit gesellschaftlicher Moral nichts zu tun hat. Tugend ist Ordnung, aber nicht Ordnung gemäß einem Entwurf oder einem Raster oder Ordnung, die Kirche, Gesellschaft oder Ihre eigenen ideologischen Prinzipien festgelegt haben. Tugend heißt Ordnung. Ordnung heißt Erkenntnis der Unordnung und Befreiung des Geistes von dieser Unordnung – der Unordnung des Widerstands, der Gier, des Neids, der Brutalität und Angst. Und daraus entspringt eine Tugend, die nicht vom Denken kultiviert wird, so wenig Demut etwas ist, das durch Denken kultiviert werden kann. Ein eitles Gemüt kann sich bemühen, Demut zu kultivieren, in der Hoffnung, dadurch seine Eitelkeit zu maskieren, aber ein solcher Geist besitzt keine Demut. Auch die Tugend ist etwas Lebendiges, nicht das Ergebnis einer Praxis, von Umwelteinflüssen nicht abhängig; sie ist rechtes Verhalten, aufrichtig, wahrhaft und zutiefst ehrlich. Die meisten von uns sind unehrlich. Wer Ideale hat und ihnen nachzueifern trachtet, ist seinem Wesen nach unehrlich, weil er nicht ist, was er zu sein vorgibt. Man muß also erst das genannte Fundament legen, und die Art und Weise, wie man das tut, ist wichtiger, als zu verstehen, was Meditation ist: mehr noch, diese Art und Weise der Grundlegung *ist* Meditation. Wenn damit auch nur der geringste Widerstand, Verdrängung oder Kontrolle verbunden ist, ist es nicht mehr aufrichtig, denn all das ist mit Anstrengung verbunden, und wie wir gestern gesagt haben,

kommt es zur Anstrengung nur dann, wenn innerer Widerspruch besteht.
Vermag der Geist also zu erkennen, daß die in der Welt praktizierte Moral in Wirklichkeit überhaupt nicht moralisch ist, und vermag er sich aufgrund dieser Erkenntnis, der Einsicht in seinen Neid, seine Habgier und Gewinnsucht, ohne Anstrengung davon zu befreien? Habe ich mich klar ausgedrückt? Das heißt, wenn man die Totalität des Neids erkennt, nicht nur eine bestimmte Form, sondern in seiner Tatsächlichkeit erkennt, dann befreit genau dieser Erkenntnisakt den Geist vom Neid. Und deshalb ist diese Freiheit ohne Konflikt. Redlichkeit kann also nicht das Ergebnis von Konflikt sein, auch nicht das Ergebnis eines »gedrillten« Geistes. In einem Geist, der versteht, was es heißt zu lernen (das Verstehen also dessen, »was ist«), bringt das Lernen selbst seine eigene Disziplin hervor; und solche Disziplin ist höchst nüchtern. Also noch einmal: Wenn Sie in der genannten Weise das Fundament gelegt haben, dann können wir das Thema weiter verfolgen, aber wenn Sie nicht tugendhaft in jenem tiefen Wortsinn sind, wird Meditation zur Flucht, zu unehrlichem Tun. Selbst ein stupider Geist, ein dumpfer Geist, kann sich durch Drogen oder die Wortwiederholung ruhigstellen, aber redlich zu sein, verlangt große Sensibilität und daher strenge Einfachheit – nicht das Gehen in Sack und Asche, was wiederum nur leerer Schein und äußerliche Schau wäre –, sondern verlangt, daß man innerlich zutiefst nüchtern ist. Eine solche strenge Nüchternheit besitzt große Schönheit: Sie ist wie feiner Stahl.
Selbsterkenntnis ist offensichtlich der Anfang der Meditation. Diese Selbsterkenntnis ist eine ziemlich komplexe Angelegenheit. Wir haben das Bewußte und das Unbewußte – das sogenannte verborgene oder Tiefenbewußtsein. Ich weiß nicht, warum dem Unbewußten so große Bedeutung zugeschrieben wird. Es ist der Schatz der Vergangenheit – wenn man so etwas »Schatz« nennen kann. Das rassische Erbe, Überlieferung, Erinnerungen, Motive, verborgene Ansprüche, Triebe, Wünsche, Bestrebungen und Zwänge. Der bewußte Geist kann mit Hilfe der Analyse offensichtlich nicht all das Unbewußte erforschen, jene tiefen, verborgenen, geheimen Bewußtseinsschichten, denn das würde viele Jahre beanspruchen. Außerdem muß der bewußte Geist, wenn er das Unbewußte erforschen will, außerordentlich wach, unkonditioniert, scharf und vorurteils-

frei in seiner Anschauung sein. Das ist also ziemlich problematisch. Es heißt, daß das Unbewußte sich durch Träume und Ahnungen offenbare und daß man träumen müsse, sonst würde man wahnsinnig. Hat man sich je gefragt, warum man überhaupt träumen muß? Wir haben akzeptiert, daß man träumen muß. Wie Sie wissen, sind wir höchst traditionsabhängige Leute; obwohl sehr modern und ungemein gescheit, akzeptieren wir die Tradition als »Jasager«. Wir sagen nie »nein«, zweifeln nie, stellen nie in Frage. Irgendwelche Autoritäten oder Experten kommen daher und behaupten dies oder jenes, und wir stimmen prompt zu: »Genau, Sie wissen es besser als wir.« Doch wir werden diese ganze Frage des Unbewußten, Bewußten und der Träume genauer untersuchen.

Warum muß man überhaupt träumen? Offenbar deshalb, weil während des Tages der Geist so sehr mit Arbeit, Streitigkeiten, mit der Familie, den verschiedenen Gelegenheiten zum Amüsement beschäftigt ist. Die ganze Zeit schwätzt er endlos drauflos, redet mit sich selbst, berechnet – Sie wissen das alles selbst. Wenn dann das Gehirn in der Nacht etwas ruhiger wird und der ganze Körper friedlicher, projizieren die tieferen Schichten ihre Inhalte angeblich in den Geist, geben so Hinweise und Andeutungen, in der Hoffnung, daß man sie versteht, und so fort. Haben Sie jemals tagsüber versucht, zu beobachten, ohne Auswahl aufmerksam zu sein, Ihr Denken, Ihre Motive, Ihre Äußerungen, Ihre Art zu sitzen, Ihren Sprachgebrauch, Ihre Gesten anzuschauen – nur zu beobachten? Haben Sie das jemals versucht? Wenn Sie während des Tages beobachten, ohne korrigieren zu wollen, ohne sich zu sagen: »Was für ein schrecklicher Gedanke, ich verbiete ihn mir«, sondern einfach nur beobachten, dann werden Sie feststellen: Sobald Sie während des Tages Ihre Motive, Ansprüche und Triebe ans Licht gebracht haben, dann werden Ihr Geist und Ihr Gehirn am Abend beim Schlafengehen ruhiger sein. Und Sie werden außerdem feststellen: Wenn Sie sich ganz intensiv darauf einlassen, dann sind keine Träume möglich. Als Folge davon wird der Geist, sobald er aufwacht, außerordentlich lebendig, aktiv, frisch und unschuldig sein. Ich frage mich, ob Sie all dies wohl versuchen werden oder ob es für Sie nur nichts als Worte sind.

Dann ist da noch ein anderes Problem. Der Geist, wie er uns mitgegeben ist, ist ständig dabei zu kalkulieren, zu vergleichen, zu stre-

ben, getrieben zu werden, endlos mit sich selbst zu schwätzen oder über andere herzuziehen – Sie wissen selbst, was der Geist jeden Tag und den ganzen Tag lang so tut. Ein solcher Geist kann unmöglich erkennen, was wahr ist, oder das, was falsch ist. Eine solche Erkenntnis ist nur möglich, wenn der Geist ruhig ist. Wenn Sie hören möchten, was der Sprecher sagt – sofern es Sie interessiert –, dann ist Ihr Geist natürlich still: Er hört auf zu schwätzen oder an etwas anderes zu denken. Wenn Sie etwas ganz deutlich sehen wollen – wenn Sie Ihre Frau oder Ihren Mann verstehen oder die Wolke in ihrer ganzen Herrlichkeit und Schönheit erfassen wollen –, dann schauen Sie hin, und das Schauen muß aus der Stille kommen, denn sonst könnten Sie nicht sehen. Kann der Geist, der sich ständig bewegt, endlos schwatzt, herumjagt und erschrickt, also jemals ganz still sein? Nicht still durch Drill, Verdrängung oder Kontrolle, sondern einfach still?

Die professionellen Meditierer raten uns zur Kontrolle. Kontrolle setzt freilich nicht nur den Kontrollierenden voraus, sondern auch das zu Kontrollierende. Wenn Sie Ihren Geist beobachten, schweift Ihr Denken ab, und Sie rufen es zurück; dann schweift es wieder ab, und Sie rufen es wieder zurück. Dieses Spiel geht endlos so weiter. Und wenn Sie nach Ablauf von zehn Jahren oder wie vielen auch immer Ihren Geist so vollständig kontrollieren können, daß er nicht mehr abschweift und gar keine Gedanken mehr hat, dann haben Sie, wie es heißt, einen höchst ungewöhnlichen Zustand erreicht. Doch tatsächlich haben Sie, im Gegenteil, überhaupt nichts erreicht. Kontrolle ist mit Widerstand verbunden. Beachten Sie das bitte! Konzentration ist eine Form des Widerstands, ein Verengen des Denkens auf einen bestimmten Punkt. Und wenn der Geist geschult ist, sich vollständig auf eine Sache zu konzentrieren, verliert er seine Elastizität, seine Sensibilität und wird unfähig, den gesamten Lebensbereich zu erfassen.

Kann nun der Geist diese Form von Konzentration ohne Ausschluß erlangen, und ohne sich auch der Unterdrückung, der Konformität oder Verdrängung zum Zweck der Kontrolle zu bedienen? Es ist sehr leicht, sich zu konzentrieren; jeder Schuljunge lernt das – obgleich er es haßt, wird er gezwungen, sich darum zu bemühen. Und wenn Sie sich konzentrieren, dann leisten Sie lediglich Widerstand; Ihr ganzer Geist ist auf etwas ausgerichtet, und wenn Sie tagtäglich

trainieren, sich auf eine einzige Sache zu konzentrieren, dann verliert er natürlich seine Schärfe, seine Weite, seine Tiefe, und er hat keinen Raum. Das Problem ist also: Kann der Geist diese Qualität von Konzentration erlangen – obwohl dies nicht das richtige Wort dafür ist –, diese Fähigkeit, auf einen einzigen Gegenstand zu achten, ohne die ganze Aufmerksamkeit aufzugeben? Unter »ganzer Aufmerksamkeit« verstehen wir die Aufmerksamkeit Ihres gesamten Bewußtseins, die Aufmerksamkeit, die frei ist von Angst, Schmerz, Profitdenken, Lust – denn Sie wissen bereits, was die Lust alles impliziert. Wenn der Geist also vollständige Aufmerksamkeit gewährt – das heißt mit Ihrem Herzen, Ihren Nerven, Ihren Augen, Ihrem ganzen Sein –, dann kann eine solche Aufmerksamkeit auch die Aufmerksamkeit einschließen, die einer Einzelheit gewidmet wird. Wenn Sie Geschirr spülen, können Sie dem Vorgang völlige Aufmerksamkeit widmen, ohne Widerstand, ohne diese mit gewöhnlicher Konzentration verbundene Verengung.

Nachdem wir die Notwendigkeit erkannt haben, die Grundlage auf natürliche Weise zu legen, ohne jede Verzerrung, ohne jede Anstrengung und unter Verzicht auf jede Autorität, können wir uns nun dem Streben des Geistes nach Erfahrung zuwenden. Die meisten von uns führen ein so dumpfes, routinemäßiges Leben von offenbar sehr geringer Bedeutung, so daß wir durch verschiedene Stimulanzen, einschließlich Drogen, ständig nach weiteren und tieferen Erfahrungen suchen. Wenn man nun eine Erfahrung macht, zeigt die Tatsache ihrer Anerkennung als Erfahrung, daß man sie bereits gemacht haben muß, denn sonst würde man sie nicht wiedererkennen. Der Christ, von der Verehrung eines bestimmten Heilands geprägt, wird nach der Einnahme von Drogen oder nach Erfahrungen, die er auf verschiedenen Wegen gewonnen hat, vermutlich etwas sehen, was durch seine Konditionierung eingefärbt ist, und folglich wird das, was er sieht, seine eigene Projektion sein. Und auch wenn das etwas ganz Außerordentliches sein kann, von großer Leuchtkraft, Tiefe und Schönheit, wird es immer noch sein eigener Lebenshintergrund sein, der projiziert wurde. Daher projiziert der Geist, der Erfahrungen sucht, um so dem Leben Bedeutung und Sinn zu geben, seine eigene Lebensgeschichte, während der Geist, der nicht sucht, weil er frei ist, eine ganz andere Qualität besitzt.

Nun, alles, was wir vom Anfang dieses Gesprächs bis jetzt betrach-

tet haben, gehört zur Meditation: die Wahrheit im Verlauf unserer Überlegungen zu erkennen; das Falsche des Gurus, der Autorität, des Systems; die Grundlage für ein Verhalten zu schaffen, das nicht das bloße Ergebnis der Umgebung ist und das überhaupt keine Anstrengung kennt. All dies schließt bereits eine Qualität von Meditation ein. Wenn man zu diesem Punkt gelangt ist und das ganze Lebensgeschäft verstanden hat, das frei ist von jedem Konflikt, kann man weitergehen, um zu erforschen, was Stille ist. Wenn Sie aber forschen, ohne die eben erwähnten Dinge getan zu haben, wird Ihre Stille keinerlei Bedeutung haben, denn ohne echtes Verstehen von Schönheit, Liebe, Tod und Tugend, muß der Geist seicht bleiben, und jede von ihm erzeugte Stille wird die Stille des Todes sein. Wenn Sie sich aber heute abend hoffentlich mit dem Sprecher auf die Reise gemacht haben, dann können wir weiterfragen: »Was ist Stille, was ist die Qualität der Stille?« Denken Sie daran, wenn man etwas ganz klar, ohne Anstrengung und ohne Entstellung, erkennen will, muß der Geist ruhig sein. Wenn ich Ihr Gesicht anschauen, der Schönheit Ihrer Stimme lauschen möchte, wenn ich erkennen möchte, was für ein Mensch Sie sind, muß mein Geist ruhig sein, darf nicht schwätzen. Wenn er schwätzt und abschweift, dann kann ich weder Ihre Schönheit noch Ihre Häßlichkeit sehen. Stille ist also nötig für solches Schauen, wie die Nacht notwendig ist für den Tag; auch ist diese Stille weder das Produkt von Lärm noch von eingestelltem Lärm. Diese Stille stellt sich ganz natürlich ein, sobald alle anderen Qualitäten vorhanden sind.

Wissen Sie, in dieser Stille ist Raum, jedoch nicht jener Raum, wie er zwischen Beobachter und Beobachtetem besteht – wie zum Beispiel zwischen mir und diesem Mikrophon (ohne den ich es nicht sehen könnte). Ein stiller Geist besitzt Weiträumigkeit, die weder der Gegenstand noch der Beobachter geschaffen hat. Ich weiß nicht, ob Sie jemals beobachtet haben, was Raum ist: Da ist der Raum, von diesem Mikrophon und um es herum geschaffen; da ist der Raum um das »Ich« und um das »Du«. Sooft wir »Wir« und »Sie« sagen, ist da dieser Raum, den wir um uns geschaffen haben. Wenn Sie sagen, daß Sie Christ, Katholik, Protestant oder Kommunist sind, ist da Raum, je nachdem, wie Sie sich abgrenzen, und dieser Raum erzeugt unweigerlich Konflikte, weil er abgegrenzt ist und weil er trennt. Wenn jedoch Stille herrscht, gibt es nicht den

Raum der Trennung, sondern eine ganz andere Qualität von Raum. Und diesen Raum muß es geben, weil sich nur dann einstellen kann, was vom Denken nicht ermessen werden kann – dieses Unermeßliche, das Höchste, das sich nicht herbeirufen läßt. Ein kleinlicher Geist bleibt, auch wenn er endlos praktiziert, kleinlich. Die meisten Menschen, die Wahrheit suchen, rufen sie tatsächlich herbei, aber Wahrheit läßt sich nicht herbeirufen. Der Geist hat nicht genügend Raum und ist nicht still genug. Meditation besteht also von Anfang bis Ende, und mit der Meditation kommt die Angemessenheit des Handelns.

Das alles ist Meditation. Wenn Sie dazu imstande sind, steht die Tür offen, und es ist an Ihnen, hineinzugehen. Was dahinter liegt, ist nichts Romantisches oder Gefühlvolles, nichts, das Sie sich wünschen, wohin Sie sich flüchten könnten. Sondern man kommt zu ihm mit vollem Geist, einem intelligenten, sensiblen und völlig unverzerrten Geist. Man kommt zu ihm mit großer Liebe, denn sonst hat Meditation keinen Sinn.

[F]: In Ihrer Rede erwähnten Sie, daß Sie, obwohl Sie nicht über Meditation sprechen wollten, es trotzdem für nötig hielten. Hatten Sie noch ein anderes Thema?

[K]: Was mich nicht interessierte, war das Offenkundige zu erläutern, das Offenkundige der Methoden, der Systeme, der Wortwiederholungen, der Gurus – all das ist so offenkundig. Das Wichtige *ist*, niemandem zu folgen, sondern sich selbst zu erkennen: Wenn Sie ohne Anstrengung, ohne Angst, ohne jeden Vorbehalt in sich hineinhorchen und wirklich gründlich forschen, werden Sie außerordentliche Dinge entdecken; und dazu brauchen Sie kein einziges Buch zu lesen. Der Sprecher hat kein einziges Buch über eines dieser Themen gelesen: Philosophie, Psychologie, heilige Bücher. In Dir selbst liegt die ganze Welt, und wenn Du zu schauen und zu lernen verstehst, dann ist da die Türe, und der Schlüssel ist in Deiner Hand. Niemand auf Erden kann Dir diesen Schlüssel geben oder die Türe für Dich öffnen, nur Du selbst.

[F]: Gibt es für das Dasein einen Grund?

[K]: Warum wollen Sie für das Dasein einen Grund wissen? (*Gelächter*) Sie sind da. Und weil Sie da sind und Sie sich selbst nicht verstehen, möchten Sie einen Grund erfinden. Sehen Sie, wenn Sie einen Baum oder die Wolken, das Licht auf dem Wasser anschauen,

wenn Sie wissen, was es bedeutet zu lieben, dann brauchen Sie keinen Grund für das Dasein: Sie sind, das ist der Grund. Dann haben alle Museen der Welt und all die Konzerte nur sekundäre Bedeutung. Die Schönheit ist da, und Sie können sie sehen, wenn Sie den Geist und das Herz haben zu schauen – nicht oben in der Wolke, in dem Baum, im Wasser, in dem Ding, sondern in sich selbst.

Rede an der Universität von Kalifornien in Santa Cruz

Heute abend möchte ich über verschiedene Themen sprechen, die alle miteinander zusammenhängen, wie alle menschlichen Probleme. Man kann nicht ein Problem herausgreifen und es für sich zu lösen versuchen; jedes Problem enthält alle anderen Probleme, wenn man sich tiefgehend und gründlich darauf einzulassen versteht.
Zunächst einmal möchte ich fragen: Was wird aus uns allen werden, den Jungen und den Alten, was werden wir aus unserem Leben machen? Werden wir zulassen, daß wir in diesen Mahlstrom allgemein akzeptierter Ehrbarkeit mit ihrer sozialen und ökonomischen Moral hineingezogen und ein Teil der sogenannten Kulturgesellschaft werden, mit all ihren Problemen, ihrer Verwirrung und ihrem Widerspruch, oder wollen wir aus unserem Leben etwas ganz anderes machen? Dies ist das Problem, dem die meisten Menschen gegenüberstehen. Man wird dazu erzogen, das Leben nicht als Ganzes zu verstehen, sondern eine bestimmte Rolle in dieser Daseinstotalität zu spielen. Wir sind von Kindheit an ganz darauf konditioniert, in dieser Gesellschaft etwas zu erreichen, erfolgreich zu sein und ein vollkommener Bürger zu werden; und der sensiblere Intellektuelle revoltiert im allgemeinen gegen einen solchen Lebensstil. In dieser Revolte unternimmt er verschiedenes: Entweder wird er antisozial, antipolitisch, nimmt Drogen und folgt einem engstirnigen, sektiererischen religiösen Glauben, oder er wird Aktivist, Kommunist, oder er gibt sich völlig einer exotischen Religion wie dem Buddhismus oder Hinduismus hin. Und wer Soziologe, Wissenschaftler, Künstler, Schriftsteller oder, sofern er die Fähigkeit dazu besitzt, Philosoph wird und sich so einem Kreis anschließt, meint dann, er habe das Problem gelöst. Dann bilden wir uns ein, wir hätten das ganze Leben verstanden, und schreiben anderen vor, wie nach unserer besonderen Neigung, unserer eigentümlichen Sichtweise und nach unserem speziellen Wissen das Leben geführt werden sollte.

Wenn man sich anschaut, wie das Leben mit seiner enormen Komplexität und Vielschichtigkeit beschaffen ist, nicht nur im ökonomischen und sozialen, sondern auch im psychologischen Bereich, dann muß man sich fragen, sofern man überhaupt ernsthaft darüber nachdenkt, was für eine Rolle man in all dem Durcheinander spielen soll. Was soll ich tun als menschliches Wesen, das in dieser Welt lebt und weder in eine Phantasiewelt noch in ein Kloster flüchten will?

Wenn man dieses ganze System klar erkannt hat, was soll man dann tun, was soll man aus seinem Leben machen? Das bleibt immer die Frage, ob wir nun im Establishment bereits einen guten Platz erobert haben oder diesen erst anstreben. Daher stellt sich, wie mir scheint, unweigerlich die Frage: Was ist der Zweck des Lebens, und als psychisch halbwegs gesunder Mensch, der nicht völlig neurotisch, sondern lebendig und aktiv ist, welche Rolle soll ich dabei spielen? Zu welcher Rolle oder zu welchem Teil fühle ich mich hingezogen? Und wenn ich mich zu einem besonderen Ausschnitt oder einem besonderen Teilstück hingezogen fühle, dann muß ich mir der Gefahr einer solchen Zuneigung bewußt sein, denn dann befinden wir uns wieder in derselben alten Aufspaltung, die Anstrengung, Widerspruch und Krieg ausbrütet. Kann ich dann an dem Lebensganzen teilhaben, nicht nur an einem speziellen Ausschnitt? An der Lebensgesamtheit teilhaben, bedeutet offensichtlich nicht, über das komplette Wissen von Wissenschaft, Soziologie, Philosophie, Mathematik und so weiter zu verfügen; das wäre unmöglich, es sei denn, man wäre ein Genie.

Kann man also psychisch, seelisch eine vollkommen andere Lebensweise erreichen? Das bedeutet offensichtlich, daß man sich zwar für all die äußeren Dinge interessiert, daß aber die fundamentale, radikale Revolution sich im psychischen Bereich abspielen muß. Was kann man tun, um in sich einen solchen tiefgehenden Wandel herbeizuführen? Denn man ist ja selbst die Gesellschaft, ist die Welt, ist all das, was in der Vergangenheit liegt. Das Problem ist also: Wie können wir, Sie und ich an der *Totalität* des Lebens teilhaben, nicht nur an einem Ausschnitt? Das ist das eine; außerdem sind da die Probleme der Gesittung, des Verhaltens und der Tugend sowie das Problem der Liebe – was Liebe ist, was Tod. Ob jung oder alt, wir müssen uns diese Fragen stellen, weil sie Teil

des Lebens, Teil unseres Daseins sind; und wenn es Ihnen recht ist, wollen wir heute abend über diese Probleme sprechen. Wir wollen uns gemeinsam in diese Probleme vertiefen. Sie stehen nicht draußen, sind nicht bloße Zuschauer, Zuhörer, die neugierig beobachten und nur beiläufiges Interesse aufbringen. Ob wir wollen oder nicht, wir sind alle an der Klärung dieser Fragen beteiligt – was wir aus unserem Leben machen, was rechtes Verhalten ist, was Liebe (wenn es so etwas gibt), was die Bedeutung dieser außerordentlichen Sache ist, die Tod genannt wird, über den die meisten Menschen nicht einmal reden wollen. All dies vor Augen, müssen wir uns fragen, worin der Sinn des ganzen Daseins liegt.

Das Leben, das wir gegenwärtig führen, hat tatsächlich sehr wenig Sinn. Wir legen einige Prüfungen ab, erwerben ein Diplom, finden eine gute Stellung und mühen uns ab für den Rest unseres Lebens, bis wir sterben. Für diese äußerste Unordnung einen Sinn zu erfinden, ist gleichermaßen mühselig. Welche Möglichkeiten haben wir also, wenn wir all dies vor uns sehen, wissend, daß nur eine tiefgehende psychische Revolution eine andere Ordnung, eine andere Gesellschaft herbeiführen kann, und wenn wir gleichzeitig von *niemandem* abhängig sein wollen, der uns Erleuchtung oder Klarheit gewährt – welche Möglichkeit haben wir also? Um herauszufinden, was möglich ist, muß man zunächst einmal herausfinden, was unmöglich ist. Was ist also unmöglich oder erscheint jedenfalls unmöglich? Es scheint unmöglich zu sein, daß ein vollständiger Wandel, eine vollständige psychische Revolution *sofort* eintritt, das heißt, daß Sie morgen aufwachen und ein ganz anderer sind, in Aussehen, Denken, Gefühl so neu, so lebendig, so leidenschaftlich, so aufrichtig, daß kein Schatten von Konflikt oder Heuchelei mehr darüber liegt. Sie glauben, dies sei unmöglich, weil Sie die Vorstellung der psychischen Evolution akzeptiert oder sich an sie gewöhnt haben, eine allmähliche Wandlung, die fünfzig Jahre dauern kann; es ist also Zeit nötig, nicht nur chronologische, sondern auch psychische. Das ist die akzeptierte, traditionelle Denkweise. Um etwas zu verändern, um eine radikale psychische Wandlung herbeizuführen, braucht es Zeit. Wenn man, wie der Sprecher darauf hinweist, daß es möglich *ist*, sich bis morgen vollkommen zu ändern, würden Sie sagen, dies sei unmöglich, nicht wahr? Für Sie ist das also unmöglich. Aus dieser Erkenntnis heraus können Sie jetzt herausfinden,

was möglich ist. Dies Mögliche ist dann nicht mehr dasselbe wie vorher: Es ist etwas völlig anderes. Können Sie mir folgen?
Wenn wir sagen, dies ist möglich, das ist unmöglich, dann ist das Mögliche meßbar, doch wenn wir etwas als unmöglich erkennen, dann sehen wir in bezug zum Unmöglichen das, was möglich ist; und diese Möglichkeit ist dann etwas vollkommen anderes als das, was vorher möglich war. Bitte, hören Sie genau zu, stellen Sie keine Vergleiche an mit dem, was jemand anders gesagt hat, beobachten Sie es einfach bei sich selbst, und Sie werden entdecken, daß etwas Außerordentliches geschieht. Das Mögliche ist jetzt sozusagen sehr klein; es ist möglich, zum Mond zu fliegen, ein reicher Mann oder ein Professor zu werden, was auch immer, aber diese Möglichkeit ist etwas sehr Triviales. Wenn Sie aber mit einer Frage konfrontiert sind, daß Sie sich bis morgen vollkommen ändern und so ein ganz anderer Mensch werden sollen, dann stehen Sie dem Unmöglichen gegenüber. Wenn Sie dessen Unmöglichkeit erkennen, dann werden Sie in bezug zu dem Unmöglichen herausfinden, was möglich ist, und das ist etwas völlig anderes; so eröffnet sich Ihrem Geist eine ganz andere Möglichkeit. Und von dieser Möglichkeit sprechen wir, nicht von der trivialen Möglichkeit. Wenn ich das alles überdenke, das Unmögliche und das Mögliche in bezug zum Unmöglichen, und die ganze Daseinsstruktur betrachte, was kann ich dann tun? Das Unmögliche ist, ohne einen Schatten von Eifersucht und Haß zu lieben.
Die meisten von uns sind, so fürchte ich, schrecklich eifersüchtig, neidisch und besitzergreifend. Wenn Sie jemanden lieben, Ihre Freundin, Ihre Frau oder Ihren Mann, so sind Sie entschlossen, sie für den Rest Ihres Lebens festzuhalten; zumindest versuchen Sie es. Und Sie nennen das »Liebe« – er oder sie ist »mein«. Und wenn der oder die »Meine« sich abwendet oder einen anderen anschaut, ein wenig unabhängiger wird, dann kommen Wut, Eifersucht und Sorge hoch, dann beginnt das ganze Elend dessen, was Liebe genannt wird.
Was heißt das also, ohne einen Schatten von all dem Elend zu lieben? Zweifellos werden Sie es für unmöglich halten, Sie werden es für unmenschlich, ja übermenschlich halten – für Sie ist das also unmöglich. Wenn Sie das Unmögliche erkennen, dann werden Sie herausfinden, was in menschlichen Beziehungen möglich ist. Ich hoffe, ich drücke mich verständlich aus. Das ist das erste.
Zweitens ist unser Leben, wie es sich jetzt darstellt, Kampf, Schmerz,

Lust, Angst, Sorge, Ungewißheit, Verzweiflung, Krieg, Haß – Sie wissen selbst, wie Ihr Alltagsleben tatsächlich aussieht: Konkurrenzkampf, Zerstörung, Unordnung. Das ist es, was sich tatsächlich abspielt, nicht was »sein sollte«; es geht uns nur um das, »*was ist*«. Wenn wir all dies betrachten, sagen wir uns: »Es ist zu gräßlich, ich muß da heraus! Ich brauche eine größere, tiefergehende, umfassendere Vision. Ich möchte sensibler werden.« Deswegen nehmen wir Drogen.

Diese Drogen-Frage ist sehr alt; in Indien nimmt man schon seit Tausenden von Jahren Drogen. Früher wurde es »Soma« genannt, heute heißt es »Haschisch« und »Betel«; man hat dort noch nicht die hochkomplizierte Form des LSD erreicht, doch wahrscheinlich wird es bald so weit sein. Die Menschen nehmen Haschisch und Betel, damit sie weniger empfindlich werden; sie verlieren sich in dem Duft, in den verschiedenen Visionen, die er produziert und verstärkt. Diese Drogen werden im allgemeinen von Arbeitern genommen, von Menschen, die mit den Händen arbeiten (hier leben Sie nicht mit »Unberührbaren«, wie sie in Indien genannt werden). Sie nehmen Drogen, weil ihr Leben schrecklich langweilig ist; sie haben nicht viel zu essen, so haben sie nicht viel Energie. Die einzigen beiden Dinge, die sie haben, sind Sex und Drogen.

Der wahrhaft religiöse Mensch, der wirklich herausfinden will, was Wahrheit *ist*, was Leben *ist* – nicht aus Büchern, nicht von den religiösen Entertainern, nicht von den Philosophen, die nur intellektuelle Anregungen geben –, ein solcher Mensch will nichts mit Drogen zu tun haben, weil er genau weiß, daß sie das Bewußtsein verzerren, es unfähig machen, die Wahrheit zu erkennen.

In der westlichen Welt nehmen viele Menschen ihre Zuflucht zu Drogen. Unter ihnen sind die »Seriösen«, die vielleicht einige Jahre lang Drogen als Experiment genommen haben. Einige dieser Leute haben mich aufgesucht, und sie erklärten: »Wir haben Erfahrungen gemacht, die – nach allem, was wir in Büchern gelesen haben – offenbar der letzten Wirklichkeit nahekommen, die ein Schatten des Wirklichen sind.« Und weil es ernsthafte Leute sind, wie der Sprecher auch, haben sie dieses Problem gründlich diskutiert. Schließlich waren sie genötigt, zuzugeben, daß diese Erfahrungen unecht waren, daß sie mit der letzten Wirklichkeit, mit der ganzen Schönheit dieses Unermeßlichen überhaupt nichts zu tun haben. Solange

ein Geist nicht klar, heil und vollkommen gesund ist, kann er unmöglich in den Zustand der religiösen Meditation gelangen, der unabdingbar zur Erkenntnis dessen ist, was jenseits des Denkens, jenseits aller Wünsche liegt. Jede Form psychischer Abhängigkeit, jede Art von Flucht, durch Alkohol, durch Drogen, die das Bewußtsein sensibler machen soll, stumpft es nur ab und verzerrt es.

Wenn Sie auf all das verzichten – wie man es tun sollte, wenn man sich ernsthafte Gedanken macht –, steht man vor der Aufgabe, nur aus dem Innern heraus zu leben. Dann ist man von nichts und niemandem abhängig, von keiner Droge, keinem Buch oder Glauben. Nur dann hat der Geist keine Angst, nur dann kann man nach dem Sinn des Lebens fragen. Und wenn Sie so weit gekommen sind, würden Sie dann eine solche Frage stellen? Der Sinn des Lebens liegt darin, zu *leben* – nicht in dem äußersten Chaos und der Verwirrung, die wir Leben nennen, sondern ganz anders zu leben, ein volles, ein vollständiges Leben zu leben, auf solche Weise heute zu leben. Das ist die wahre Bedeutung des Lebens – zu leben, nicht heroisch, sondern völlig von innen heraus zu leben, ohne Angst, ohne Kampf und ohne all das andere Elend.

Das ist nur dann möglich, wenn Sie wissen, was unmöglich ist. Sie müssen daher schauen, ob Sie zur sofortigen Änderung fähig sind, sagen wir, was Zorn, Haß und Eifersucht angeht, so daß Sie nicht mehr eifersüchtig sind, das heißt natürlich neidisch; denn Neid ist Vergleich zwischen sich selbst und anderen. Ist es möglich, sich so vollkommen zu ändern, daß Neid einen überhaupt nicht mehr berührt? Das ist nur möglich, wenn man sich des Neides bewußt wird, ohne die Aufteilung in Beobachter und Beobachtetem, so daß Sie Neid *sind*, Sie das *sind*: nicht Sie und Neid als etwas Getrenntes. Wenn Sie dies völlig erkannt haben, gibt es überhaupt keine Möglichkeit, etwas daran zu ändern; und wenn dieser vollkommene Zustand des Neides da ist, in dem keine Spaltung und kein Konflikt ist, dann ist es nicht länger Neid; es ist etwas völlig anderes.

Dann kann man fragen: Was ist Liebe? Ist Liebe Lust? Ist Liebe Begehren? Ist Liebe ein Denkprodukt, wie Lust und die Angst? Kann Liebe kultiviert werden und kommt mit der Zeit? Und wenn ich nicht weiß, was Liebe ist, kann ich darauf kommen?

Liebe ist offensichtlich nicht Sentimentalität oder Gefühlsduselei, und daher können wir beides sofort beiseite lassen, weil Sentimenta-

lität und Gefühlsduselei etwas Romantisches sind, und Liebe ist nicht Romantik. Lust und Angst sind Denkbewegungen, und für die meisten von uns ist die Lust das Höchste im Leben; sexuelle Lust und die Erinnerung daran, der Gedanke, dieses Vergnügen erlebt zu haben, immer wieder daran denken und es morgen wieder wollen – die Moral der Gesellschaft beruht auf Vergnügen. Wenn also Vergnügen nicht Liebe ist, was ist sie dann? Bitte, überlegen Sie mit mir, denn *Sie* müssen diese Frage beantworten. Sie können nicht darauf warten, daß der Sprecher oder sonst jemand es Ihnen erklärt. Das ist eine fundamentale menschliche Frage, die von jedem von uns zu beantworten ist, nicht von irgendeinem Guru oder Philosophen, der behauptet, dies sei Liebe und das nicht.

Liebe ist nicht Eifersucht oder Neid, nicht wahr? Sie sind so still! Können Sie lieben und gleichzeitig habsüchtig, ehrgeizig und konkurrenzsüchtig sein? Können Sie lieben, wenn Sie nicht nur Tiere, sondern auch Mitmenschen töten? Durch Negierung dessen, was Liebe *nicht* ist – sie ist nicht Eifersucht, Neid, Haß, nicht egozentrische Aktivität des »Ich« und des »Du«, nicht häßlicher Wettstreit, Brutalität und Gewalt im Alltagsleben –, durch Negierung werden Sie erkennen, was Liebe ist. Wenn Sie all das beiseite lassen, nicht intellektuell, sondern tatsächlich, mit Ihrem Herzen, mit Ihrem Geist, mit Ihren – ich wollte sagen – Eingeweiden, weil das alles offensichtlich nicht Liebe ist, dann werden Sie der Liebe begegnen. Wenn Sie Liebe kennen, wenn Sie Liebe haben, dann sind Sie frei, das zu tun, was richtig ist; und was immer Sie tun, wird richtig sein.

Doch um in diesen Zustand zu gelangen, um diesen Sinn für Schönheit und Mitgefühl, der Liebe bewirkt, zu haben, muß auch das Gestern sterben. Der Tod des Gestrigen bedeutet, im Innern alles sterben zu lassen, allen Ehrgeiz und alles, was man psychisch angehäuft hat. Das geschieht ja ohnehin, wenn der Tod naht. Sie werden Ihre Familie, Ihr Haus, Ihre Güter, Ihre Wertsachen aufgeben, alle Dinge, die Sie besitzen. Sie werden alle Bücher zurücklassen, aus denen Sie so viel Wissen geschöpft haben, und auch die Bücher, die Sie schreiben wollten und nicht geschrieben haben, und die Bilder, die Sie malen wollten. Wenn Sie all dem sterben, dann ist der Geist vollkommen neu, frisch und unschuldig. Vermutlich werden Sie sagen, das sei unmöglich.

Wenn Sie sagen, das sei unmöglich, beginnen Sie zu theoretisieren: Es muß ein Leben nach dem Tod geben; nach dem Glauben der Christen kommt es zur Auferstehung, während ganz Asien an die Reinkarnation glaubt. Die Hindus meinen, daß es unmöglich sei, allem zu sterben, solange man noch Leben, Gesundheit und Schönheit besitzt. Da sie den Tod fürchten, machen sie sich Hoffnung, indem sie diese wunderbare Sache erfinden, die sie Reinkarnation nennen, was heißt, das nächste Leben werde besser sein. An das Bessere ist jedoch eine Bedingung geknüpft: Um im nächsten Leben besser zu sein, muß ich in diesem Leben gut sein, deshalb muß ich mich entsprechend verhalten. Ich muß rechtschaffen leben; darf niemanden verletzen; es darf nicht zu Sorgen, Gewalttätigkeiten kommen. Doch leider leben die Anhänger der Reinkarnation nicht danach. Ganz im Gegenteil, sie sind aggressiv, so gewalttätig wie jeder andere, und so ist ihr Glaube so wertlos wie das tote Gestern.
Wichtig ist, was Sie *jetzt* sind, nicht, ob Sie etwas glauben oder nicht, ob Ihre Erfahrungen psychedelisch sind oder nur gewöhnlich. Was zählt, ist das Leben auf der Höhe der Tugend (ich weiß, daß Sie dieses Wort nicht mögen). Die beiden Worte »Tugend« und »Redlichkeit« sind furchtbar mißbraucht worden; jeder Priester verwendet sie, jeder Moralist oder Idealist gebraucht sie. Aber Tugend ist etwas ganz anderes als das, was als Tugend praktiziert wird, und darin liegt ihre Schönheit. Wenn Sie versuchen, sie zu praktizieren, dann ist es keine Tugend mehr. Tugend ist nicht an Zeit gebunden, daher kann sie nicht praktiziert werden, und Verhalten hängt nicht von der Umgebung ab; angepaßtes Verhalten ist auf seine Weise in Ordnung, aber es besitzt keine Tugend. Tugend heißt lieben, keine Angst haben, auf der höchsten Daseinsebene leben, und das heißt, allem innerlich zu sterben, der Vergangenheit zu sterben, so daß der Geist klar und unschuldig ist. Und nur ein solcher Geist kann dieses außerordentlich Unermeßliche erfahren, das nicht Ihre Erfindung noch diejenige eines Philosophen oder Gurus ist.

[F]: Erklären Sie bitte den Unterschied zwischen Denken und Einsicht.

[K]: Meinen Sie mit »Einsicht« Verstehen? Etwas ganz klar sehen, ohne Verwirrung sein, ohne Wahl? Ich möchte wissen, wie Sie das Wort »Einsicht« verwenden. Ist das so richtig?

[F]: Ja.

[K]: Was ist Denken? Lassen Sie uns darauf eingehen! Wenn ich Sie frage: »Was ist Denken?«, was spielt sich in Ihrem Bewußtsein ab?

[F]: Denken.

[K]: Langsam, ein Schritt nach dem anderen, preschen Sie nicht vor! Was spielt sich ab? Ich stelle Ihnen eine Frage. Ich frage Sie, wo Sie wohnen oder wie Sie heißen. Ihre Antwort kommt sofort, nicht wahr? Warum?

[F]: Weil Sie es hier mit etwas aus der Vergangenheit zu tun haben.

[K]: Machen Sie bitte die Sache nicht komplizierter, schauen Sie nur hin! Wir werden sie gleich verkomplizieren, aber schauen Sie zunächst einmal hin. (*Gelächter*) Ich frage Sie nach Ihrem Namen, Ihrer Adresse, wo Sie wohnen und so weiter. Die Antwort kommt sofort, weil Sie mit ihr vertraut sind, weil Sie nicht überlegen müssen. Wahrscheinlich haben Sie anfangs noch überlegt, aber Sie sind von Kindheit an dazu erzogen worden, Ihren Namen zu wissen. Damit ist kein Denkprozeß verbunden. Nun, beim nächsten Mal stelle ich Ihnen eine etwas schwierigere Frage, so daß Sie mit zeitlicher Verzögerung auf die Frage antworten. Was spielt sich in diesem Zeitraum ab? Nur langsam, antworten Sie nicht *mir*, sondern finden Sie es selbst heraus. Gut, ich stelle Ihnen eine Frage: Wie groß ist die Entfernung von hier zum Mond, zum Mars oder nach New York? Was läuft während dieses Zeit-Intervalls ab?

[F]: Suche.

[K]: Sie suchen, nicht wahr? Wo suchen Sie?

[F]: In meinem Gedächtnis.

[K]: Sie durchsuchen Ihr Gedächtnis, das heißt, jemand hat es Ihnen gesagt oder Sie haben es einmal gelesen, und jetzt suchen Sie es in Ihrem »Schrank«. (*Gelächter*) Und dann kommt die Antwort heraus. Auf die erste Frage erfolgte die Antwort sofort, aber Sie sind unsicher, was die zweite betrifft, daher brauchen Sie länger. Während dieses zeitlichen Intervalls denken, suchen, prüfen Sie, und schließlich finden Sie die richtige Antwort. Wenn man Ihnen aber eine sehr komplexe Frage stellen würde, wie »Was ist Gott«?

Fragesteller 1: Gott ist Liebe.

Fragesteller 2: Gott ist alles.

Fragesteller 3: Die Antwort ist nicht in meinem Gedächtnis.

[K]: Hören Sie nur! »Gott ist Liebe, Gott ist alles.«

[F]: Gott ist der große Möbelpacker. (Gelächter)

[K]: Und so weiter. Nun geben Sie acht, schauen Sie hin, was geschehen ist. Sie haben nicht gesagt, wir kennen die richtige Antwort nicht. Folgen Sie mir bitte! Das ist sehr wichtig. Da Sie nicht wissen, glauben Sie! Sehen Sie, was geschehen ist, das Denken hat Sie betrogen. Zuerst kam eine vertraute Frage, dann eine schwierigere und schließlich eine Frage, zu der der Geist erklärt: Ich bin konditioniert worden, an Gott zu glauben, so habe ich eine Antwort. Und wenn Sie Kommunist wären, würden Sie sagen: »Was reden Sie da? Seien Sie nicht albern, es gibt keinen Gott. Das ist ein bürgerlicher Irrglaube, den die Priester erfunden haben!« (*Gelächter*) Nun, wir sprechen vom Denken. Zunächst einmal, um herauszufinden, ob es Gott gibt oder nicht (wir müssen das herausfinden, sonst sind wir keine vollständigen Menschen), um dahinterzukommen, muß aller Glaube aufhören, das heißt jede vom menschlichen Denken bewirkte Konditionierung, die der Angst entspringt. Dann sehen wir, was das Denken ist: Denken ist die Antwort des Gedächtnisses, nämlich Ihres angehäuften Wissens, Ihrer Erfahrung und Herkunft, und wenn Ihnen eine Frage gestellt wird, werden bestimmte Schwingungen ausgelöst, und aus dieser Erinnerung antworten Sie. Das ist Denken. Beobachten Sie es bitte bei sich selbst! Und Denken ist immer alt, das liegt auf der Hand, denn es antwortet von der Vergangenheit her, deshalb kann Denken niemals frei sein. (*Pause*) Sie sind nicht einverstanden, oder? (*Gelächter*) »Freiheit des Denkens.« Bitte, schauen Sie sorgfältig hin, machen Sie sich nicht darüber lustig! Wir verehren das Denken, nicht wahr? Denken ist das Größte im Leben, die Intellektuellen beten es an, aber wenn Sie den ganzen Denkprozeß genauer betrachten – so vernünftig, so logisch er auch sei –, so ist er doch die Antwort des Gedächtnisses, das immer alt ist, und so ist auch das Denken alt und kann niemals Freiheit mit sich bringen. Akzeptieren Sie bitte nichts, was der Sprecher sagt!

Denken führt also zur Verwirrung. Die Frage lautet: Was ist der Unterschied zwischen Denken und Einsicht, die, wie wir übereinstimmen, dasselbe ist wie Verstehen oder die Dinge sehr klar und ohne Verwirrung sehen. Wenn Sie etwas sehr klar sehen – wir spre-

chen von psychisch sehen –, dann bleibt keine Wahl; es gibt nur dann eine Wahl, wenn Verwirrung herrscht. Wir sprechen von Freiheit der Wahl, die in Wirklichkeit die Freiheit ist, sich verwirren zu lassen, denn wenn Sie nicht verwirrt sind, wenn Sie etwas sofort und ganz klar erkennen, wo besteht dann die Notwendigkeit zu wählen? Und wenn es keine Wahl gibt, herrscht Klarheit.

Klarheit, Einsicht oder Verstehen ist nur möglich, wenn das Denken aufgehoben ist, wenn der Geist still ist. Dann nur können Sie ganz klar sehen, dann können Sie sagen, daß Sie wirklich verstanden haben, wovon die Rede ist, dann erleben Sie unmittelbare Wahrnehmung, weil Ihr Geist nicht mehr verwirrt ist. Verwirrung geht mit Wahl einher, und Wahl ist das Produkt des Denkens. Soll ich dies tun oder das – das »Ich« und das »Nicht-Ich«, das »Du« und das »Nicht-Du«, das »Wir« und das »Sie« und so weiter, all das ist im Denken angelegt. Und daraus entsteht Verwirrung, und aus dieser Verwirrung heraus treffen wir eine Wahl. Wir wählen unsere politischen Führer, unsere Gurus und so viele andere Dinge, aber wenn Klarheit herrscht, kommt es zur unmittelbaren Wahrnehmung. Und um klar zu sein, muß der Geist vollkommen still sein, vollkommen still, denn dann ist wirkliches Verstehen möglich, und dieses Verstehen ist folglich Handeln. Es verhält sich nicht umgekehrt.

[F]: Wie werden Menschen neurotisch?

[K]: Woher weiß ich, daß sie neurotisch sind? Bitte, das ist eine sehr ernste Frage, hören Sie also gut zu! Woher weiß ich, daß Menschen neurotisch sind? Bin ich auch neurotisch, weil ich erkenne, daß sie neurotisch sind?

[F]: Ja.

[K]: Sagen Sie nicht so schnell »Ja«! Schauen Sie nur hin, hören Sie hin! Neurotisch, was heißt das? Ein bißchen komisch, nicht klar, konfus, etwas aus dem Gleichgewicht? Und bedauerlicherweise sind die meisten von uns etwas aus dem Gleichgewicht. Nein? Sind Sie da nicht ganz sicher! (*Gelächter*) Sind Sie nicht aus dem Gleichgewicht, wenn Sie Christ, Hindu, Buddhist oder Kommunist sind? Sind Sie nicht neurotisch, wenn Sie sich mit Ihren Problemen einschließen, wenn Sie eine Mauer um sich errichten, weil Sie denken, daß Sie viel besser sind als jemand anders? Sind Sie nicht aus dem Gleichgewicht, wenn Ihr Leben voller Widerstand ist – »Ich« und »Du«, »Wir« und »Sie« und all die anderen Abgrenzungen? Sind Sie

nicht neurotisch im Büro, wenn Sie besser sein wollen als der andere? Wie wird man also neurotisch? Macht die Gesellschaft neurotisch? Das ist die einfachste Erklärung – mein Vater, meine Mutter, mein Nachbar, die Regierung, die Armee, alle machen mich neurotisch. Sie sind alle dafür verantwortlich, daß ich aus dem Gleichgewicht geraten bin. Und wenn ich zum Analytiker gehe, um mir helfen zu lassen, dann ist der Ärmste ebenso neurotisch wie ich. (*Gelächter*) Lachen Sie bitte nicht! Genau das geschieht in der Welt. Warum werde ich also neurotisch? Alles in der Welt, wie es jetzt ist, Gesellschaft, Familie, Eltern, Kinder – sie haben keine Liebe. Glauben Sie, daß es Kriege gäbe, wenn sie Liebe hätten? Glauben Sie, daß es dann Regierungen gäbe, die es für völlig in Ordnung halten, daß Sie getötet werden? Eine solche Gesellschaft könnte es niemals geben, wenn Ihre Mutter und Ihr Vater Sie wirklich liebten, für Sie sorgten, sich um Sie kümmerten und Sie lehrten, freundlich zu den Menschen zu sein, wenn sie Ihnen beibrächten, zu leben und zu lieben. Das sind die äußeren Zwänge und Anforderungen, die diese neurotische Gesellschaft mit sich bringt. Dazu kommen noch die inneren Zwänge und Triebe, unsere angeborenen, von der Vergangenheit ererbte Gewalttätigkeit, die zu dieser Neurose, diesem Ungleichgewicht beiträgt. So ist es also – die meisten von uns sind ein wenig aus dem Gleichgewicht oder auch etwas mehr, und es hat keinen Sinn, irgend jemandem dafür die Schuld zu geben. Tatsache ist, daß man psychisch, geistig oder sexuell nicht im Gleichgewicht ist. In jeder Hinsicht sind wir aus dem Gleichgewicht. Das Wichtigste ist, sich dessen bewußt zu sein, zu wissen, daß man nicht im Gleichgewicht ist, und nicht, wie man ins Gleichgewicht kommen könnte. Ein neurotischer Geist kann nicht ins Gleichgewicht kommen, doch wenn er nicht extrem neurotisch ist, wenn er noch etwas Gleichgewicht bewahrt hat, kann er sich selbst beobachten. Dann kann man sich bewußt werden, was man tut, was man sagt, was man denkt, wie man sich bewegt, wie man sitzt, wie man ißt, indem man nur beobachtet, ohne sich zu korrigieren. Und wenn Sie auf diese Weise beobachten, ohne eine Wahl zu treffen, dann entsteht mit diesem genauen Beobachten ein ausgeglichener, vernünftiger Mensch. Dann sind Sie nicht mehr neurotisch. Ein ausgeglichener Geist ist ein Geist, der weise ist, der nicht aus Urteilen und Meinungen zusammengesetzt ist.

[F]: Wo endet das Denken und wo beginnt die Stille?

[K]: Haben Sie jemals eine Kluft zwischen zwei Gedanken festgestellt? Oder denken Sie immer ohne Zwischenraum? Verstehen Sie die Frage?

[F]: Nein.

[K]: Ist da ein zeitlicher Zwischenraum zwischen zwei Gedanken? Ist die Frage klar?

[F]: Ja.

[K]: Oder wird Ihnen eine solche Frage zum erstenmal gestellt? Ich möchte herausfinden, was Stille ist. Ist Stille das Aufhören von Lärm? Ist sie wie der Frieden, der zwischen zwei Kriegen herrscht? Oder ist sie das Zeit-Intervall zwischen zwei Gedanken? Oder hat sie mit all dem überhaupt nichts zu tun? Wenn Stille das Aufhören des Denkens, das Aufhören von Lärm ist, dann ist es ziemlich leicht, den Lärm zu unterdrücken, wenn Lärm gleich Geschwätz ist – Sie hören auf zu schwätzen. Ist das Stille? Oder ist Stille ein Geisteszustand, der nicht mehr verwirrt, nicht mehr ängstlich ist? Wo beginnt also Stille? Beginnt sie, wenn das Denken endet? Haben Sie jemals versucht, das Denken zu beenden?

[F]: Wenn der Geist radikal seine Geschwindigkeit vermindert, dann ist er ein stiller Geist.

[K]: Ja, aber haben Sie jemals versucht, das Denken anzuhalten?

[F]: Wie macht man das?

[K]: Ich weiß es nicht, aber haben Sie es je versucht? Zunächst einmal, wer ist derjenige, der versucht, es anzuhalten?

[F]: Der Denkende.

[K]: Das ist ein weiterer Gedanke, nicht wahr? Das Denken versucht, sich Einhalt zu gebieten, also findet zwischen Denkendem und Denken ein Kampf statt. Beobachten Sie diesen Konflikt bitte ganz genau! Das Denken sagt: »Ich muß aufhören zu denken, denn dann werde ich einen wundervollen Zustand erleben«, oder welches das Motiv auch sein mag. So versucht man also, das Denken zu unterdrücken. Derjenige, der das Denken zu unterdrücken sucht, ist aber immer noch ein Teil des Denkens, nicht wahr? Ein Gedanke versucht den anderen zu unterdrücken, also gibt es Konflikt, es findet ein Kampf statt. Wenn ich das als eine Tatsache erkenne – wenn ich es total sehe, vollständig begreife, wenn ich das »einsehe«, in

dem Sinne, wie der Herr vorhin das Wort benutzt hat – dann ist der Geist still. Das geschieht natürlich und leicht, wenn der Geist still wird, um zu beobachten, zu schauen, zu sehen.

[F]: Wenn die egozentrische Aktivität aufhört, was motiviert dann zum Handeln?

[K]: Finden Sie zuerst heraus, was geschieht, wenn die egozentrische Aktivität aufhört, denn dann werden Sie diese Frage nicht stellen. Dann werden Sie die Schönheit des Handelns an sich erkennen, dann werden Sie kein Motiv brauchen, denn das Motiv ist Teil der egozentrischen Aktivität. Wenn diese egozentrische Aktivität nicht besteht, dann hat das Handeln kein Motiv und ist daher ein wahrhaftes, rechtes und freies Handeln.

Jiddu Krishnamurti

Die Zukunft ist jetzt

Letzte Gespräche

Aus dem Englischen von Anne Ruth Frank-Strauss

Band 10844

Als Krishnamurti im November 1985 nach Indien kam, konnte niemand ahnen, daß er vier Monate später tot sein würde. Obgleich im 91. Lebensjahr und nicht mehr im Vollbesitz seiner körperlichen Kräfte, hielt er in verschiedenen Gegenden Indiens öffentliche Reden und nahm an Diskussionen teil, und zwar mit all der Verve und der gleichen leidenschaftlichen Sorge um die Zukunft der Menschheit wie in den sechzig Jahren zuvor. Er sprach über die Tatsachen des täglichen Lebens und erklärte dabei mit Nachdruck, daß der Mensch trotz der erstaunlichen technologischen Fortschritte psychologisch der Barbar geblieben sei, der er war, als er auf der Erde erschien. Jeder von uns, erklärte er, sei für die Brutalität, die Untaten und die gesellschaftlichen Widersprüche verantwortlich, denn sie seien nur eine Widerspiegelung unseres inneren Selbst, und die Welt könne nur durch eine »Mutation« in jeder menschlichen Psyche vor dem Chaos gerettet werden. Die Veränderung müsse jetzt geschehen, denn was wir heute sind, würden wir auch morgen sein.

Fischer Taschenbuch Verlag

fi 1527 / 7

Jiddu Krishnamurti

Der Flug des Adlers

Reden und Gespräche

Aus dem Englischen von Rolf Lahusen

Band 12482

Die gesammelten Aufzeichnungen von Vorträgen, Gesprächen und Diskussionen Krishnamurtis in London, Amsterdam, Paris und Saanen (Schweiz) lassen die Vielfalt der Themen erkennen, mit denen sich der berühmte indische Weisheitslehrer im Laufe seines langen Lebens beschäftigt hat. Sie reichen vom Freiheitsbegriff bis zur wissenschaftlichen Forschung und ihren praktischen wie ethischen Folgen. Neben solchen abstrakten, theoretischen Fragestellungen setzt sich der Autor auch mit ganz aktuellen Themen wie der wachsenden Gewalt in den Industriestaaten, mit dem um sich greifenden Fremden- und Rassenhaß und der grassierenden Umweltvernichtung auseinander, allerdings nicht in belehrend moralisierender Form, sondern in Rede und Gegenrede. Insofern sind Krishnamurtis Bücher unverändert zeitgemäß und thematisch von brisanter Aktualität.

Fischer Taschenbuch Verlag

fi 1520 / 4

Legenden aus Indien, China, und Tibet,
Spiegel unserer Sehnsucht nach
Einheit und Ganzheit,
unseres tiefen Wunsches nach
Befreiung und Glück;
erdacht und erzählt von einem
Meister der Einfühlung;
lange vergriffen,
jetzt wieder neu aufgelegt.

Karl W. Welte Verlag Umkirch

Der Weltbürger Krishnamurti war ein Redner, der sich auf unvergleichliche Weise auf die Kunst des Vortrags und des Dialogs verstand. So liegen vielen seiner Veröffentlichungen auch seine Reden, Vorträge und Gespräche zugrunde, die er über Jahrzehnte hin in allen Teilen der Welt hielt. Inhalt seiner Vorträge und Diskussionen waren nicht philosophische Theorien, sondern aktuelle Menschheitsfragen, Fragen von Krieg und Frieden, von Natur und Kultur, von Gegenwart und Zukunft. Krishnamurti war ein zutiefst skeptischer Denker. Sein Vertrauen in den Menschen als Gattung war nicht sonderlich groß. Zumal in seinen letzten Jahren warnte er, angesichts von Natur- und Menschenvernichtung, von Übertechnisierung und Massenkonsum und der ungerechten Verteilung von Reichtümern auf der Welt, vor der drohenden Menschheitskatastrophe. Er wurde nicht müde, zur Besinnung und zur Änderung unserer oberflächlichen Auffassung vom Menschen aufzurufen. Von diesen dringenden Fragen handelt auch das vorliegende Buch, eine Sammlung von Reden und Gesprächen, die Krishnamurti an amerikanischen Universitäten hielt. Krishnamurti vermittelt uns eine an keinem Ideal und an keiner Tradition orientierte, lebensnahe »Kunst des Lernens«, die zur Weltoffenheit führt und den Menschen ein Zusammenleben in Freiheit möglich macht.

Jiddu Krishnamurti (geb. 1895 in Madanapalle/Indien, gestorben 1986 in Ojai/Kalifornien) war einer der großen Revolutionäre unseres Jahrhunderts, einer der unabhängigsten Denker, die sich je der Erforschung der menschlichen Natur zuwandten. Vorbehaltlose Ehrlichkeit führte zum Bruch mit allen religiösen und gesellschaftlichen Traditionen. Seine Bücher fanden in aller Welt große Resonanz.
Weitere Titel von Krishnamurti im Fischer Taschenbuch Verlag: »Die Zukunft ist jetzt; Letzte Gespräche« (Bd. 10844), »Der Flug des Adlers; Reden und Gespräche« (Bd. 12482) und »Das Notizbuch« (Bd. 12548).